Laura Cazés (Hrsg.)

# S/CHER SIND WIR N\CHT GEBLIEBEN

## Jüdischsein in Deutschland

S. FISCHER

Aus Verantwortung für die Umwelt hat sich der S. Fischer Verlag zu einer nachhaltigen Buchproduktion verpflichtet. Der bewusste Umgang mit unseren Ressourcen, der Schutz unseres Klimas und der Natur gehören zu unseren obersten Unternehmenszielen.

Gemeinsam mit unseren Partnern und Lieferanten setzen wir uns für eine klimaneutrale Buchproduktion ein, die den Erwerb von Klimazertifikaten zur Kompensation des $CO_2$-Ausstoßes einschließt.

Weitere Informationen finden Sie unter:
www.klimaneutralerverlag.de

FSC
www.fsc.org
MIX
Papier aus verantwortungsvollen Quellen
FSC® C014496

Erschienen bei S. FISCHER

Hedderichstr. 114, D-60596 Frankfurt am Main

Satz: Dörlemann Satz, Lemförde
Druck und Bindung: GGP Media GmbH, Pößneck
Printed in Germany
ISBN 978-3-10-397178-1

Für all die, die es uns möglich gemacht haben,
zu sein, wer wir sind.

# INHALT

## Zwischenräume



## (Un)Sichtbarkeiten

## Baustellen



## Erbe

# ZWISCHENRÄUME

# SICHER SIND WIR NICHT GEBLIEBEN

*Laura Cazés*

## Leere zeigen.

***»Bis zur Vergasung (…)«***

Ich sitze in einem Traditionsitaliener im Frankfurter Nordend. Wir wollten nur schnell eine Pasta essen. Ich spüre die Gläser Wein schon in meinem Kopf und dass ich sie schnell getrunken hatte, um die vergangene Woche zu vergessen. Wir setzen uns, am Nebentisch vier Männer, die in meinem vernebelten Blick aus dem Augenwinkel heraus erstaunlich gleich aussehen. Karierte Hemden, eckige Brillen, wenig Haare, dafür den Raum beschallende Stimmen. Um große Themen scheint es zu gehen an dem Tisch, zu dem ich recht dicht, den Rücken zugewandt, sitze. Geopolitik, Wirtschaft, eigentlich will ich nur meine Pasta haben, aber die Tischnachbarn wollen, dass das ganze Restaurant ihrer Expertise lauscht, nach der niemand gefragt hat. Ich merke, dass ich zum ersten Mal seit Tagen wieder langsamer bin im Kopf, und genieße es eigentlich. Die Pasta kommt und hilft, das belanglose Grundrauschen am Nebentisch geht weiter.

»Wir haben das doch … alles … bis zur Vergasung (…)«
Beim ersten Mal denke ich noch, ich hätte mich verhört.
»Ich weiß nicht, ob … bis zur Vergasung (…)«
Beim zweiten Mal denke ich: Ah, hat mich meine abgefuckte Assoziationskette im Gehirn mal wieder nicht verarscht. Schade.
»Das geht noch weiter … bis zur Vergasung (…)«
Beim dritten Mal wird der Parmesan in meinem Mund bitter.
»Ich sag's dir, einfach … bis zur Vergasung (…)«
Beim vierten Mal zähle ich runter.
3 – Schlucke. 2 – Atme ein. 1 – Drehe mich um.
Ich: »Sag mal, wie oft noch?«
Kariertes Hemd mit eckiger Brille: »Was?«
Ich: »Wie oft wollt ihr's noch wiederholen?«
Kariertes Hemd mit eckiger Brille: »Man mischt sich nicht in fremde Gespräche ein.«
Ich: »Doch.«
Kariertes Hemd mit eckiger Brille: »Ne.«
Ich: »Okay, dann sagt's ruhig noch mal, kein Problem. Haben noch nicht alle hier gehört.«

Ich drehe mich wieder um. Betroffenes Schweigen, auch an meinem Tisch.

»Ich bin ein guter Deutscher.« Kommt noch vom Nebentisch hinterher. Das höre ich schon gar nicht mehr.

Ich schäme mich. Weil ich meinen Mund aufgemacht und trotzdem nichts gesagt habe.

Ich trinke den letzten Schluck Wasser.

Unbehagen. Ich entschuldige mich bei meiner Begleitung, dass ich das gemeinsame Essen gesprengt habe. Ich soll mich nicht entschuldigen, wird mir gesagt.

Warum habe ich diesen Moment der Ruhe zugelassen? Warum werde ich in einem Moment der Ruhe nicht in Ruhe gelassen? Warum kann ich mir selbst keinen Moment der Ruhe lassen?

Augen auf, Augen zu, einen Schritt zurück.

*

In mir ist manchmal Leere. So eine Leere, dass ich mich frage, ob es dafür eigentlich ein anderes Wort bräuchte. Sie fühlt sich unendlich an und mehrdimensional zugleich. Manchmal beschreibe ich das so, dass diese mehrdimensionale Leere die Form eines Abgrundes annimmt. Sie taucht einfach auf. Ich weiß nicht mehr, wann mir klarwurde, dass diese Leere mich mein ganzes Leben lang begleiten wird. Ich weiß nur, dass mich mit dieser Erkenntnis die Phantasie verlassen hat. Ich habe als Kind häufig verträumt aus dem Fenster geschaut, die Zeit vergessen. Das mache ich immer noch manchmal. Aber wenn ich das tue, dann ist da einfach nichts.

Vor einigen Jahren war ich auf einer Konferenz, auf der es um gesellschaftliche Verantwortung und Erinnerungskultur ging. Eine Panelistin sprach davon, dass Auschwitz nicht für die Kinderseele sei. Sie versuchte, mit diesem Satz die Schwierigkeit einzuordnen, wie sie mit ihren eigenen Kindern über das Grauen der Vernichtung sprechen solle. Selbstverständlich leuchtete mir das ein, und dennoch befremdete es mich innerlich. Dass Auschwitz nicht für die Kinderseele sei. Es hatte in meinem Leben dieses Konzept nie gegeben, dass man als Kind auch nur in irgendeiner Form hätte davon verschont oder davor geschützt werden können, was Auschwitz war. Ich weiß nicht mehr, wann ich das Wort Auschwitz zum ersten Mal gehört habe. Es spielt auch keine Rolle. Denn es gab nie einen Moment in meinem bewussten Leben, in dem diese Leere, die in Wahrheit ein Abgrund ist, nicht bei mir war, in dem ich nicht wusste, was Auschwitz ist.

Die Leere in mir korrespondiert mit den Leerstellen, auf denen wir alle tagtäglich laufen, durch die das *Ich* zum *Wir* wird. Mit dem *Wir* meine ich an dieser Stelle die Gesamtheit unserer Gesellschaft. Stolpersteine sind auf unseren Wegen vorhanden, aber sie füllen nicht unsere kollektiven Gedächtnislücken. Die Idee vom Hass gegen Juden ist verpönt, aber wie er funktioniert, warum die Gesellschaft ihn in immer neuen Erscheinungsformen braucht, haben wir bis heute nicht verstanden. Wir wollen Deutsche sein, aber wissen nicht mehr, was vor uns war, wer wir einmal waren. Der Graben zwischen meiner inneren Leere und den Leerstellen aller weitet sich in solchen Momenten. In diesen Momenten, in denen der Parmesan in meinem Mund bitter wird und mir schwarz vor Augen, weil das, was eigentlich nicht aushaltbar ist, zu einer leblosen Analogie in einem irrelevanten Gespräch wird, zu einem von jeglicher Emotion losgelösten Superlativ. Diese Referenz hat sich als Praxis eingebürgert, sie ist zu einer Strategie geworden, um den Umgang mit den unaushaltbaren Sichtbarkeiten und Leerstellen zu normalisieren. In diesem Umgang werde ich zur Irritation, sobald ich mich umdrehe und frage: Wie oft noch? Weil ich beim Pasta-Essen nicht für den bitteren Beigeschmack meiner inneren Leere bezahlen will, habe ich mich zu schämen. Man mischt sich nicht in fremde Gespräche ein. Sie könnten sonst auch etwas fühlen.

*

Ich werde mich schämen. Für diesen Text und mit all jenen, denen beigebracht wurde, still zu bleiben, sich anzupassen, nicht aufzufallen. Ich werde mich schämen, weil ich gelernt habe, keine schlafenden Hunde zu wecken, zu gehorchen. Ich werde mich schämen, weil ich diese Welt vielleicht unsicherer gemacht habe für manche von uns.

## Fühlen lernen.

***»Arbeit macht frei – EY SCHERZ!«***

Ich sitze in einem Fortbildungsseminar zu Digitaler Transformation und New Work. Der junge Dozent, etwas hyperaktiv, möchte zum Abschluss seines Blockseminars agile Arbeitsprozesse mit uns simulieren. Die Fortbildung fällt in die Woche des ersten Festival of Resilience, das die Überlebenden des Anschlages auf die Synagoge in Halle organisiert haben. Ich halte mich in dieser Woche in zwei Parallelwelten auf, wie so häufig, eigentlich immer, aber diesmal besonders. Vormittags sitze ich im geschlossenen Seminarraum, es wird über Innovation gesprochen. Nachmittags bis abends bin ich in der Sukka, es wird über Kontinuitäten gesprochen. Die Tekin-Brüder, deren *Kiez-Döner* zum zweiten Ziel des Terroristen von Halle 2019 geworden war, sind angereist, Familie Arslan, die Hinterbliebenen des Brandanschlages auf das Wohnhaus in Mölln 1992, und die Angehörigen der Opfer von Hanau. Diese Menschen, die zu Momenten in den Medien geworden waren, sinnbildlich für die Opfer des Terrors, stehen hier nun sehr echt, wenngleich etwas orientierungslos in diesem jüdischen Raum ohne festes Dach. Resilienz bedeutet für die Veranstalter:innen mehr, als das Überleben zu manifestieren, es bedeutet Selbstbestimmung, Solidarität, und als Zeitpunkt spielt neben dem Framing durch den ersten Jahrestag des Anschlages auch der jüdische Feiertag Sukkot eine Rolle, dem der Gedanke der Willkür der Sicherheit zugrunde liegt.

Jeden Morgen, jeden Abend verbringe ich für eine Woche in diesen zwei unterschiedlichen Welten. Gewissermaßen steht diese Woche wie ein Schnelldurchlauf für einen immerwährenden Spagat, einen Spagat, den wir hier in Deutschland machen.

Mollie Sharfman, die ich drei Jahre zuvor auf der Muslim Jewish Conference in Sarajevo kennengelernt hatte und die selbst nicht zum Festival of Resilience anreisen konnte, hatte mich gebeten, ihr Testimonial am letzten Abend des Festivals vorzulesen:

> »Ich habe gehört, dass der Attentäter Holocaustleugner ist. Er glaubt nicht, dass 6 Millionen Jüd*innen von den Nazis geschlachtet wurden. Mein Großvater hat den Holocaust überlebt. Er war der einzige Überlebende in seiner Familie – seine Mutter, sein Vater, seine drei jungen Brüder, Großmutter, Tanten, Onkel, Cousins – alle wurden vernichtet. Über 100 seiner Verwandten wurden im Holocaust ermordet. Sehr lange Zeit war mein Großvater der einzige Überlebende in unserer Familie. Am 9. Oktober 2019 bin ich ebenfalls eine geworden. Ich stehe neben ihm. Die Stärke, die ich heute zeige, beruht auf dem Glauben und der Widerstandsfähigkeit meiner Familie. Ich vertrete heute nicht nur mich. Ich vertrete die Generationen des jüdischen Volkes, die vor mir kamen, und alle, die nach mir kommen werden. Ich trage zum Zeugenstand ein Bild von meinem Großvater und mir. Ich war sein erstes Enkelkind, das neue Glied in der Kette, die fast abgebrochen

wurde. Ich war das Zeichen der Hoffnung für unsere Familie. Von dem Moment an, als ich geboren wurde, wurde ich zu seiner größten Freude. Er war entschlossen, mich vor allem Bösen zu schützen. Trotz des Bösens, das er ertragen musste, strahlte er immer Lebensfreude aus. Er war Chasan in der Synagoge, jemand, der die jüdischen Gebete und die Liturgie leitete und sang, insbesondere am Jom Kippur. Er sang für mich und meine Geschwister jüdische Lieder und brachte uns auf diese Weise die Liebe zum Judentum bei. Deshalb ist die Synagoge mein Zuhause. Zuhause für mich ist alles Jüdische.«

Ich weiß, was Mollie schreibt, ich verstehe, was sie und die anderen sagen, aber ich weiß nicht, was ich fühlen soll. Wie oft haben wir in diesen Räumen, die unser Zuhause sind, zur Decke hochgesehen, uns gefragt, ob die Empore hält, nach den Sicherheitsmännern Ausschau gehalten, uns in die Nähe eines Fluchtweges gestellt, nicht zu lange vor der Tür aufgehalten. Nicht aus Angst, sondern aus Routine. Weil Halle bereits eine Realität war, bevor sie geschehen ist. Und dennoch ist es nicht meine Geschichte, der ich meine Stimme geliehen habe. Es ist Mollies Geschichte, es ist die der Menschen, die am 9. Oktober 2019 nicht wussten, ob sie die Synagoge lebend verlassen würden.

Der letzte Tag des Seminars ist der 9. Oktober 2020, es ist ein Freitag, ich wache auf, scrolle durch meinen Facebook-Feed und bleibe bei einer Dokumentation über Jeremy Borovitz und Rebecca Blady hängen. Sie singen gemeinsam eine Jom-Kippur-Lithurgie, ihre Stimmen sind über das selbstaufgenommene Video des Attentäters gelegt. Jeremy, der mir zwei Tage zuvor auf der Kundgebung in Halle die Arba Minim in die Hand gedrückt hatte und sagte: Yes, don't ask, you can do this. Rebecca, die drei Wochen zuvor, hochschwanger und wenige Tage vor ihrem Gerichtstermin als Nebenklägerin, zum Jewish Women Empowerment Summit gekommen war. In diesem Moment gibt es keine zwei unterschiedlichen Welten. Es gibt nur eine. Und ich weiß nicht, was ich fühle, aber es ist sehr viel.

Zwei Stunden später sitze ich wieder im Innovationstraining. Kanban, Scrum, Mindset. Eine letzte Übung sollen wir noch machen vor dem wohlverdienten Wochenende, eine Simulation zu agilen Arbeitsprozessen. Und während wir kollaborativ eine Aufgabe lösen sollen, monologisiert der Dozent über Arbeit.

»Arbeit dies, Arbeit das, Arbeit macht frei –«

Ich schaue ihn an, und noch bevor ich sagen kann: »nicht witzig«, hält er mir die Hand vors Gesicht und fährt mich sofort an:

»EY SCHERZ!«

Der ganze Raum ist erstarrt. Angriff ist die beste Verteidigung.

Ich wende meinen Blick ab, schließe kurz die Augen und merke, dass sich auf meine Schultern ein Amboss stemmt. Ich merke, dass ich kaum Luft bekomme. Mein Oberkörper zieht sich zusammen. Ich verharre kurz, um abzuwarten, ob es besser wird, im Raum ist es still, ich weiß nicht, ob es nur daran liegt, dass ich nichts mehr wahrnehme. Es wird nicht besser, mein Körper hebt sich vom Stuhl und verlässt den Raum. Ich gehe auf die Toilette, atme langsam, zähle runter. Mein Puls rast, die Luft ist dünn. Ich schaue durch einen nassen Vorhang vor meinen Augen die Wand an. An jedem anderen Tag wäre ich darüber hinweggegangen. Aber in diesem Moment erinnert mich mein Körper daran, dass die Bleiweste, die mir irgendwann auf die Brust gelegt wurde, damit ich nichts fühle, heute geöffnet ist. In diesem Moment fühle ich alles auf einmal, und viel mehr als das, was durch die Affekt-Kombination »Arbeit macht frei« und »EY SCHERZ!« zum Vorschein kommt. In diesem Moment konnte ich mich nicht schützen.

*

Wenn überhaupt, dann sprechen wir von Wut. Aber auch das fällt mir immer noch schwer manchmal. Wer hätte mir aber auch beibringen sollen, wütend zu sein? Eine andere Form der Leere als die, die sich nach innen richtet, kannte ich nie. In Wahrheit verbirgt sich hinter der Wut Schmerz.

Eine Freundin sagte einmal zu mir: »Ich merke nicht, wenn das Wasser zu kalt ist. Ich fühle die Temperatur nicht um mich herum, bis sich mein Körper anders meldet.« Und ich finde, das ist sehr treffend. Ich habe am 9. Oktober 2020 verstanden, dass wir nicht lernen durften zu fühlen, ob das Wasser zu heiß oder zu kalt ist. Dass für uns das Konzept der Triggerwarnung nicht gilt.

Alles, was ich gelernt hatte, war, dass egal wie wir auf etwas reagieren, es übertrieben oder paranoid ist. Fall nicht auf. Pass dich an. Sei nicht wütend. Lache über den Scherz der anderen. Zeige deinen Schmerz draußen nicht. Es wird sowieso nicht wieder gut.

Wir haben nicht nur gelernt, die Scherze anderer über uns ergehen zu lassen, wir haben sie immer schon auch selbst gemacht. Um das alles auszuhalten. Auch dazu ist das Lachen da, damit wir nicht fühlen müssen. Mein Dozent hatte gelernt, dass er durch Witze Nähe herstellt. Er wusste, dass ich jüdisch bin. Er wollte den Grenzübertritt mit mir gemeinsam machen, damit das Unbehagen nicht mehr zwischen uns steht, denn eigentlich mochten wir uns auf eine merkwürdige Art von Anfang an. Aber er wusste natürlich nicht, dass ich nachmittags in einer anderen Welt war, in der ich eigentlich immer auch bin. Und wer hätte ihm sagen sollen, dass wir uns so nie näherkommen werden? Wir haben es doch selbst nie gelernt.

## Orte suchen.

***»Ja, die jüdische Gemeinde, die kenne ich. Der Kindergarten, der ist doch da direkt im Bankenviertel.«***

Ich stehe auf einer Nachhaltigkeitskonferenz im Bundeskanzleramt. Vor mir steht eine Frau, auf ihrem Schild ein Doktortitel, ihr Name und ihr Aussehen erzählen Geschichten, die ich noch nicht kenne, und ich bin beeindruckt davon, wie gut sie smalltalken kann. Sie schafft es, all diesen Menschen, die sie noch nie getroffen hat, Fragen zu stellen, die das Gespräch am Laufen halten. Sie habe ja auch lange in Frankfurt gelebt, schön sei es dort. Den jüdischen Kindergarten im Bankenviertel hat sie auch in Erinnerung. Ja genau, da, wo die Polizei immer steht. Das Erste, was mir in den Kopf schießt, ist:

»Welcome to 06069. (…) / Rothschild-Theorie, jetzt wird ermordet (…) / Die Banken kratzen an den Wolken. (…)«

Mit den Assoziationsketten ist es so eine Sache.

Es gibt Bilder, die prägen sich im Laufe unseres Lebens ein. Vor allem, wenn uns kein Gegenangebot gemacht wird. Die Frau, die so guten Smalltalk macht, ist völlig verblüfft, als ich ihr sage, dass ich da auch zur Schule gegangen bin.

Was dachte sie, dass aus dem Kindergarten im Bankenviertel, vor dem immer die Polizei steht, keine normalen Menschen rauskommen? Ich stehe im Kanzleramt und stelle fest, dass ich erfolgreich verdränge, wie scheiße wir von außen wahrgenommen werden, weil es so unangenehm ist. Und es passt auch einfach nicht zu meinen Bildern.

Diese konstruierte und abstrakte Projektion interagiert mit dem, was uns als Menschen zugeschrieben wird. Das meinen wir, wenn wir sagen, wir wollen kein lebendes Mahnmal sein. Wenn wir sagen, hier hat ein Leben ohne Filter stattgefunden. Wenn wir sagen, wir wollen nicht ständig über die Shoah, über Antisemitismus, über den Nahostkonflikt sprechen. Wir meinen auch, dass wir dazu gezwungen werden, diese Themen an unsicheren Orten auszuhandeln. Wir meinen damit, dass wir wie ein öffentliches Gut gehandelt werden. Dass mit uns auf eine bestimmte Weise gesprochen wird. Wir meinen damit, wie wir gezeigt werden, dass Menschen den Blick auf uns nicht von dem Bild lösen können, mit dem sie sozialisiert wurden. Einem Bild, dass nicht menschlich ist, nicht sinnlich, nicht ambivalent. Wir selbst halten die Bilder, die mit uns assoziiert werden, schwer aus, wir wollen sie abwehren. Wir selbst können manchmal nicht gleich sehen, welche Bilder sich den Menschen in den Kopf schieben, sobald sie wissen, dass wir jüdisch sind.

Ich assoziiere viel mit meiner Kindheit und Jugend in jüdischen Räumen. Das Bankenviertel ist es nicht. Ich assoziiere mit den Räumen, in denen ich aufgewachsen bin, zuallererst Sicherheit, und zwar im unterschiedlichsten Sinne, und dass diese Sicherheit mit dem Jüdischsein zusammenhängt, war mir klar, seitdem ich mich erinnern kann. Sicherheit bedeutete, bestimmte Dinge nicht aushandeln zu müssen. Sicherheit bedeutete, in diesem einen Raum die Norm zu sein, nicht die Abweichung. Sicherheit war eine Notwendigkeit, keine Einschränkung. Sicherheit bedeutete, geschützt zu sein, nicht geschlossen. Sicherheit bedeutete, mehr als das sein zu können, was andere in einem lesen. Sicherheit bedeutete, nicht ständig nachdenken zu müssen. Sicherheit bedeutete, sich nicht zu schämen, für das, was man ist. Sicherheit bedeutete, zu lernen, was Gefahr ist.

*

Dieser Text entsteht in einer Zeit universeller Unsicherheit. Über die vielen Ebenen, die dieser Text zu greifen versucht, legt sich der Krieg in der Ukraine wie eine Decke, die alles überlagert und unter der sich alles Vergangene dennoch weiterhin sehr deutlich abzeichnet. In dieser Zeit schichten sich Erfahrungen übereinander und werden plötzlich sichtbar, und aus dem gemeinsamen Schmerz brechen Partikularerfahrungen aus. Menschen um mich herum leiden körperlich und seelisch, verfallen in einen mechanischen Aktionismus, sind wütend und stark. Als wir gemeinsam eingeschult wurden, sprachen wir keine gemeinsame Sprache, sie wurden zu einer Gruppe gemacht, obwohl sie aus Orten kamen, die Zehntausende Kilometer voneinander entfernt sind. Manche suchen nun nach Orten, an denen sie sich nicht erklären müssen, den Orten geteilter Erfahrungen, kleinster gemeinsamer Nenner. Manche wollen vergessen und andere sich erinnern. Manche wollen sich lösen und andere sich verbinden. Manche suchen nach Antworten auf die Frage, warum das Jüdischsein und das Migrantischsein zusammen zu etwas Eigenem wird.

*

Es ist ein Sonntag im März, 8.00 Uhr morgens. Wie fast jeden Tag trifft ein Bus ein, aus dem über Nacht Entwurzelte steigen. Wir fragen nach Angehörigen, vermitteln Unterkünfte, versorgen Versehrte. Neben mir sitzt eine Frau, sie muss Ende achtzig sein, ihr Blick ist klar, ihre Stirn gerunzelt. Sie umfasst ihr eigenes Handgelenk, um ihren Puls zu messen, sie schließt kurz die Augen. Ich bin noch dabei, nach Zugverbindungen zu schauen, setze mich mit dem Laptop neben sie. Als der erste Trubel vorüber ist, sagt sie etwas zu mir, und ich muss ihr antworten: »Ja nji panjimaju po russki«, obwohl ich alles verstehe, was sie mir sagen will. »Jech vun Kyjiw.« Ich nehme ihre Hand, und in diesem Moment ist sie unsere Großmutter und wir sind ihre Enkelinnen. Meine Kollegin setzt sich zu ihr, und Rima beginnt zu erzählen. Sie sagt, sie habe doch alles gehabt. Alles hatte sie bei sich in Kyjiw. Geschäfte, Zeitschriften, Gesellschaft, Internet. Herausgerissen habe man sie. Um hier einen langsamen Tod zu sterben. Hätte man sie gelassen, hätte sie nie wieder einen Fuß auf deutschen Boden gesetzt.

*

Tirza Hodes, die die meisten kennen, die als Kinder mal auf Machane[1] gefahren sind, weil sie 40 Jahre lang jüdische Folklore – sie nennt es Lebensfreude – in diese Räume gebracht hatte, war als Jugendliche in den 1930ern aus Deutschland nach Palästina geflohen, allein. Sie hatte sich geschworen, nie wieder zurückzukehren. Ist sie in Wahrheit auch nicht. Denn wenn sie kommt, kommt sie nicht nach Deutschland, sie kommt an jüdische Orte.

*

Israel bleibt der Wunsch nach Sicherheit. Das war's, dachte ich im Sommer 2014 und wieder im Frühjahr 2021. Der Ort, der uns in unserer Selbstbestimmung schützen sollte, ist der meistgehasste Ort der Erde. Der Ort, an dem der kleinste gemeinsame Nenner ausreicht, um mich nicht erklären zu müssen, wird nie verstanden werden. Der Ort, ohne den es mich nicht gäbe, der auch ohne mich nicht sein kann. Er ist von den Bildern dominiert, die einstudiert wurden, jahrhundertelang.

*

Ich weiß noch, als ich das erste Mal verstanden habe, dass es Deutschland ist, wohin ich zurückgekehrt bin. Das Deutschland, das manchen Heimat ist, auch meinem Abgrund. Heimat ist ein Wort, das in den Sprachen, in denen ich fühlen kann, nicht existent ist. Heimat ist der Ort, an dem ich fühlen kann, Heimat ist die Kraft eines Ausdrucks. Ich weiß nicht, was die anderen mit Heimat meinen. Es ist, als würde das Deutsch, das ich spreche, dieses Wort nicht kennen. Als würde ich es im Wörterbuch eingeben und keinen Eintrag dazu finden. Keine Definition, keine Erinnerung, keinen Vergleich. Ich weiß, wann die anderen Heimat sagen. Wenn sie da hinfahren, wo ihre Eltern herkommen, ihre Großeltern. Das ist die Heimat, die ich nicht sehen will. Marcel Reich-Ranicki sagte einmal als Gast bei Michel Friedman: »Was Heimat für mich bedeutet, weiß ich nicht, weil ich nie eine Heimat hatte.«

*

Meine Zuflucht findet sich an den Schnittstellen, meine Orte muss ich suchen.

*

Die Texte dieses Bandes wären nicht möglich ohne die Orte, an denen jüdische Selbstbestimmung kultiviert wird. Ob im institutionellen oder im autonomen Sinne. Ob individuell oder kollektiv. Ob in jüdischen Gemeinden, auf Machane, im Aktivismus, in Publikationen, auf Social Media, in der Synagoge, in die ich gehe oder nicht, in den Räumen, in denen ich alles sein kann und auch nicht, in dem Land, in dem ich leben werde oder nicht. Und auch an den leeren Orten, in den einsamen Momenten.

Ein sicherer Ort ist der, an dem nicht jemand anderes bestimmt, wer ich zu sein habe. Ein sicherer Ort ist der, an dem ich fühlen kann. Ein sicherer Ort ist der, der mir meine Sprache zurückgibt. Ein sicherer Ort ist der, der mich rechtzeitig spüren lässt, wenn meine Hände erfrieren. Ein sicherer Ort ist der, an dem ich nicht nur eine Rolle zu füllen habe, an dem ich vergessen kann, was die anderen sehen, wenn sie mich anschauen. Ein sicherer Ort ist der, an dem mir andere glauben und ich mir selbst auch.

# Sprache finden.

## *»Sie sprechen aber auch ein reinrassiges Deutsch«*

Ich klopfe an die Bürotür meines Statistikprofessors. Die Tür geht auf. Der Professor ist ca. 1,90 Meter groß, hager, hat einen grauen Bart und an jedem Handgelenk eine Uhr.

Professor: »Woher stammen Sie? Ihr Nachname lässt auf eine fremde Herkunft schließen.«
Ich: »Mein Vater kommt aus Argentinien. Aber ich bin in Deutschland geboren.«
Professor: »Ja. Sie sprechen aber auch ein reinrassiges Deutsch.«

Ich weiß nicht mehr, wann ich verstanden habe, dass bei mir zu Hause nicht das Deutsch der Deutschen gesprochen wurde. In meiner Familie gibt es keine Generation, die nicht eine neue Sprache lernen musste. Deutsch war die Sprache, die für mich nur in tausend Färbungen existierte, die alle sprachen, aber alle anders, und die Übersetzung passierte in mir. Deutsch waren für mich die Lach- und Sachgeschichten. Deutsch war für mich, dass es alles gibt. Deutsch war für mich das, was die Meinen das Unheil nannten oder das bessere Leben. Deutsch war mal ich, mal waren's die anderen.

Deutsch ist die Sprache, in der ich alle anderen Sprachen zusammenführe, die Sprache, die mir die meisten Worte gibt. Schon tausend Mal ist das erklärt worden, dass nur auf Deutsch die effizientesten Protokolle geschrieben werden. Deutsch versucht, cool zu sein, weil die meisten seiner Stärken nicht vorzeigbar sind. Walla Deutsch, ich will dich ghosten. You're toxic, ich find dich geil, ich will eins mit deinen tausend Teilen sein. Kommst immer dann um die Ecke, wenn es scheint, als würden mir die Worte fehlen, immer dann kommst du an, bist da, warst nie weg.

*

Wir fragen uns manchmal, welche Geschichten es eigentlich sind, die wir erzählen wollen, wem wir sie erzählen wollen:

Geschichten der Utopie, Geschichten der Gewalt, Geschichten von (Un)Sichtbarkeit, Geschichten des »Nie wieder«, Geschichten des »Nie wieder gut«, Geschichten aus der Kindheit, die es so vielleicht nicht gab, aus der Vergangenheit, die es so nie wieder gibt. Und in welcher Sprache wollen wir sie erzählen, die vielen Geschichten, die, die nie mehr erzählt werden, die, die schon tausendfach wiederholt wurden, unzählige Male.

Ich beobachte jüdische Gegenwart und bin selbst auch ein Teil von ihr geworden. Ich gebe häufig Antworten, aber habe selbst auch viele Fragen, die mich begleiten. Jüdisches Leben dient als Projektionsfläche, fällt das Wort Jude, bringt es Unbehagen in Räume, das Judentum wird auf religiöse Bezüge reduziert, die vielschichtigen Lebenswelten jüdischer Menschen bleiben unbeachtet, werden eindimensional dargestellt, teilweise sogar entmündigt, indem der Anspruch eines öffentlichen Zugriffes auf jüdische Lebensgeschichten durch manche Darstellungen suggeriert wird. Ich fühle mich manchmal, als könnten Deutsche, sobald sie wissen, dass ich jüdisch bin, nicht mehr anders, als durch eine Filterbrille zu schauen, die sie dazu veranlasst, nicht mehr eine Ebene tiefer schauen zu können als auf die Jüdin-Ebene. Das Interesse an mir als Person ist verschwunden, das Interesse an mir als Jüdin umso größer. Genährt von der Abwesenheit, der Unsichtbarkeit anderer Jüdinnen. Genährt von dem Leichenberg-Überdruss. Genährt von der Sehnsucht, dass doch alles ganz normal sein könnte. Ich will all das zurückwerfen, was auf mich projiziert wurde.

*

Wir haben die Sprache unseres ursprünglichen Kollektivmoments verlernt. Wir sind nicht mehr eins. Im wiederkehrenden Babylon haben wir unsere gemeinsame Sprache verlernt, und dennoch drückt sie sich an so vielem aus. Können wir unser Kollektiv von der Fremdbestimmung lösen? Wir kennen die Sprache, die das Trauma zu uns spricht. Wir kennen die Sprache, die ein Ritus zu uns spricht. Wir wissen, wenn er der unsere ist, auch wenn wir ihn selbst nicht mehr rezitieren können. Unsere gemeinsame Sprache ist die unsere und die unseres Feindes. Sie war schon immer da und könnte dennoch nicht fremder sein.

Mein Deutsch ist vieles, reinrassig ist es sicher nicht.

*

In diesem Text spricht nicht nur ein Ich.

Nach dem *Wir* werde ich häufig gefragt, wer ist das nun?

Ich spreche von einem *Wir*, dessen kollektiver Rahmen immer streitbar war.

Ich spreche von einem *Wir*, das immer fremd wahrgenommen und selbstbestimmt zugleich war.

Ich spreche von einem *Wir*, das seine Texte von innen nach außen diskutiert.

Ich spreche von einem *Wir*, das in seinem inneren Kern erschüttert wurde und robust geblieben ist.

Ich spreche von einem *Wir*, das kein Ende, sondern nur einen Kreislauf kennt.

Ich spreche von einem *Wir*, das als das andere und das eigene zugleich empfunden wird.

Ich spreche von einem *Wir*, das noch nicht wieder zum Wir gefunden hat.

Ich spreche von einem *Wir*, das sicher nicht geblieben ist.

# Anmerkung

1 https://www.bpb.de/themen/zeit-kulturgeschichte/juedischesleben/344682/juedische-jugendarbeit-in-deutschland/

# MEHR CHUZPE WAGEN

*Mirna Funk*

Wenn ich in Interviews oder bei einem Panel gefragt werde »Wo ist Ihr Zuhause, Frau Funk, in Berlin oder in Tel Aviv?«, dann antworte ich gemeinhin: »Im Flieger zwischen beiden Städten.« Das war nicht immer so. Lange Zeit habe ich Berlin als meine eigentliche Heimat verstanden. Eine Stadt, in der ich geboren und aufgewachsen bin. Ich kenne in Pankow, im Prenzlauer Berg und in Mitte jede Ecke. Überall klebt Erinnerung, wenn ich die Straßen entlanglaufe. Erinnerungen von über 40 Jahren Leben. Berlin war und ist allerdings auch die Stadt, in der ich mich trotzdem immer fremd gefühlt habe. Ständig eckte ich mit meiner Art an: zu laut, zu offen, zu gestikulierend, zu distanzlos, zu diskussionsfreudig, zu grenzüberschreitend. Es begann schon in der Schule. The audacity! Dieses Mädchen! Unmöglich einfach! Und so kam es, dass ich viele Stunden des Unterrichts stehend vor der Klassenzimmertür im Flur verbrachte und nicht wie alle anderen brav am Tisch sitzend.

Bis heute hat sich die Reaktion auf mein Temperament nicht verändert. Du polarisierst eben. Man liebt oder hasst dich. Du hast halt, was man gemeinhin als »Attitude« bezeichnet. Ständig sitze ich vor Menschen mit geöffneten

Mündern und verstehe nicht, was eigentlich ihr Problem ist. Ich tue doch nichts weiter, als zu sagen, was ich denke. Das tun doch alle, oder? Nicht hier in Tschörmany, jedenfalls.

Es dauerte Jahre, bis ich begriff, dass das eben nicht alle tun, sondern die wenigsten. Es dauerte Jahre, bis ich begriff, dass das anscheinend mutig war, was ich da tat. Aber es dauerte auch Jahre, bis ich begriff, dass mein Temperament eben nicht überall auf dieser Welt als fremd empfunden wird. Und dieser Ort, an dem ich so sein darf, wie ich bin, ist Tel Aviv. 1991 war ich das erste Mal dort. Danach flog ich fast jährlich nach Israel, um meine Familie zu besuchen. Irgendwann auch, um meine Freunde zu sehen. Sobald ich in den Flieger steige, beginnt das Ankommen. Denn kurz nachdem die Anschnallzeichen nicht mehr leuchten, springen die meisten Passagiere auf – auch ich –, stehen im Gang herum und unterhalten sich die nächsten vier Stunden mit ihrem Gegenüber, Vordermann und Sitznachbarn. Kein Flug vergeht, ohne dass man den Flieger mit einer neuen Begegnung, einer wilden Geschichte oder politischem Klatsch verlässt. Das gibt es nirgendwo auf dieser Welt. Ein einzigartiges Schauspiel, das so viel über das Land, aber auch die Juden erzählt. Immer, wenn es wieder irgendwo heißt, die Mirna Funk wolle provozieren, möchte ich den Kommentatoren gerne 24 Stunden Zwangsfliegen zwischen Berlin und Tel Aviv in einer EL-AL-Maschine verschreiben. Einfach, damit sie merken, dass sie mein Temperament nur deshalb als ungewöhnlich empfinden, weil sie vor 80 Jahren sechs Millionen mit diesem Temperament umgenietet haben und deshalb nicht mehr daran gewöhnt sind, dass es noch mehr als sie auf dieser Welt gibt. Nämlich Menschen, die nicht jede Regel einhalten, sondern sie erst mal hinterfragen; die wissen, dass man manchmal auch Grenzen übertreten muss, weil sich die Welt sonst nicht verändern kann; die sagen, was sie denken, und tun, was sie wollen, weil es zu ihrer Kultur gehört, mutig und zweifelnd zu sein. Weil es zu ihrer Kultur gehört, Chuzpe zu haben eben. Chuzpe ist aber nicht einfach nur eine Mischung aus zielgerichteter, intelligenter Unverschämtheit, charmanter Penetranz und unwiderstehlicher Dreistigkeit, wie es uns das deutsche Wikipedia weißmachen will. Chuzpe ist der Glaube an die individuelle Freiheit und das Wissen um die Grenzen des Möglichen gleichermaßen. Deswegen ist Chuzpe vielmehr Bewegung als Standpunkt und schafft es deshalb auch, erfolgreich durch die Komplexität des Lebens zu navigieren.

### *Die erste Frau mit Chuzpe*

Im Judentum dient die Geschichte der Genesis als Beschreibung des ersten Augenblicks der freien Wahl. Nämlich die Wahl zwischen Gehorsam und Ungehorsam. Zwischen in der Spur bleiben und die Grenze übertreten. Zwischen Folgsamkeit und Eigensinn. Im Gegensatz dazu das Christentum: Dort steht die Genesis für den Sündenfall. Es ist der Rausschmiss aus dem Paradies. Die Katastrophe. Das Ende des Happy Life. Dabei schenkt Gott dem Menschen überhaupt erst das Leben als solches, er gibt ihm die Freiheit, selbst zu entscheiden: Isst er vom Baum der Erkenntnis, oder isst er nicht. Und Eva isst und wird damit zur ersten Frau mit Chuzpe. Sie widersetzt sich Gott. Sie widerspricht ihm und handelt entgegen seiner Anweisung. So wie Moses auch. Für Moses ist es eine inakzeptable Form der Gruppenbestrafung, dass Gott meint, »bei denen, die mir Feind sind, verfolge ich die Schuld der Väter an den Söhnen, an der dritten und vierten Generation« (Exod. 20:5). Ähnlich der moralisch wahllosen Bestrafung von Sodom. Moses fordert Gottes Verkündigung der Bestrafung der Söhne für die Sünden der Väter heraus und argumentiert mit Gott, gegen Gott und im Namen Gottes. Moses beschäftigt Gott mit heftiger moralischer Logik:

> »Betrachten Sie als Herrscher des Universums die Gerechtigkeit Abrahams und die Götzenanbetung seines Vaters Terach. Ist es moralisch sinnvoll, das Kind für die Übertretungen des Vaters zu bestrafen? Souverän des Universums, betrachten Sie die rechtschaffenen Taten von König Hiskia, der aus den Lenden seines bösen Vaters König Achas sprang. Hat Hiskia Achas' Strafe verdient? Betrachten Sie den Adel von König Josiah, dessen Vater Amnon böse war. Sollte Josiah die Bestrafung von Amnon erben?« (Num. Rabbah, Hukkat XIX, 33)

Gott wird gerne als eine unnachgiebige Autorität betrachtet, die unveränderliche Befehle verkündet, und man könnte nun erwarten, dass Moses nach seinem Widerspruch schwer bestraft wird, aber das Gegenteil ist der Fall:

> »Durch dein Leben, Mose, hast du mich unterwiesen. Deshalb werde ich meine Worte aufheben und deine bestätigen. So heißt es: ›Die Väter sollen nicht für die Kinder getötet werden, und die Kinder sollen nicht für die Väter getötet werden‹« (5. Mose 24:16)

Dennoch steht der jüdische Freiheitsbegriff keineswegs für etwas, das mit Vogelfreiheit gleichgesetzt werden kann. Es geht nicht darum, die eigenen Bedürfnisse über die Ethik und Moral zu stellen. Nein, im Judentum gibt es 613 Mizwot, also Gebote und Verbote, an die sich jeder Jude zu halten hat. Wir reden hier also von einer Freiheit im Rahmen von Gesetzen und Regeln, die aber trotzdem, und davon zeugt die Geschichte der Genesis sowie die über den Disput mit Moses, prinzipiell hinterfragt und auch gebrochen werden können. Denn der jüdische Gott, Hashem, will, dass der Mensch sich aus freien Stücken heraus für das Anerkennen von Regeln und Gesetzen entscheidet. Hashem möchte, dass der Mensch die Regeln und Gesetze nicht als Einschränkung, sondern als Halt erfährt.

Der jüdische Gott ist kein Führer, kein despotischer Herr, sondern ein ebenbürtiger Gesprächspartner, der zum Dialog aufruft. Er erwartet Zweifel, Skepsis, Gesetzeseinhaltung, aber auch Gesetzesbruch. Er erwartet Aktivität, nicht ein passives Erstarren und den illusorischen Glauben daran, dass die Dinge schon irgendwie laufen werden. Im jüdischen Glauben geht es um Wirkungskraft. Darum, den Lauf der Geschichte aktiv zu verändern und nicht in eine Handlungsapathie zu verfallen. Und den Lauf der Geschichte verändert man nicht ohne Mut und ohne Chuzpe.

Insbesondere in einer Welt der Diaspora, in der 2000 Jahre lang Verfolgung, Ungerechtigkeit und unfaire Gesetze und Vorschriften an der Tagesordnung für Juden standen. Wie weiterleben, wenn niemand will, dass man lebt? Indem man sich dialogisch zwischen Gehorsam und Ungehorsam, zwischen in der Spur bleiben und die Grenzen übertreten, zwischen Folgsamkeit und Eigensinn hin und her bewegt. Chuzpe ist deshalb kein querdenkerisches Terrible-Two-Verhalten. Es geht nicht um das Nein-Sagen aus Prinzip. Darum, das genaue Gegenteil zu tun von dem, was verlangt wird. Chuzpe ist keine Verweigerung und auch keine Opposition. Chuzpe ist der Mut, sich elegant zwischen zwei Polen zu bewegen. Zwischen Gehorsam und Ungehorsam, richtig und falsch, Gut und Böse, und zuzulassen, dass beides gleichzeitig existiert. Chuzpe ist das Aushalten von Widersprüchen und die Lässigkeit, sie miteinander zu vereinbaren.

Deswegen werde ich auch nicht müde, daran zu erinnern, dass ich morgens eben nicht aufstehe, um wieder Tschörmany zu provozieren. Sondern dass ich morgens aufwache, um Tschörmany daran zu erinnern, dass alles zwei Seiten hat. Ob sie wollen oder nicht.

# DAGEGEN HALTEN

*Ruben Gerczikow*

Wenn man in Deutschland über jüdisches Leben und Fußball spricht, dann entweder mit Blick auf jüdische Vereine, wie Makkabi Deutschland, oder eben wegen antisemitischer Vorfälle unter Fußballfans. Dahinter verschwindet zumeist, dass es zumindest Gemeinsamkeiten von jüdischem Leben und auch aktivem Fan-Dasein gibt. Diese Gemeinsamkeiten gehen weit darüber hinaus, dass die einen Samstags in die Synagoge und die anderen ins Stadion gehen. Und für mich ist beides elementar in meiner Persönlichkeit. Jüdisches Leben wird stets als etwas festes, starres gesehen, das mit seiner Umwelt nicht kompatibel ist. Jüdin:Jude und aktiver Fußballfan? Absolut ausgeschlossen.

In der deutschen Öffentlichkeit werden Jüdinnen:Juden meistens nur als monolithischer Block dargestellt. Wir unterscheiden uns nur selten voneinander. Auf Jüdinnen:Juden werden reale oder fiktive Bilder projiziert, die den Korridor von Teilhabe und Sichtbarkeit verengen und auf bestimmte Themenfelder begrenzen. In der nichtjüdischen Welt existiert ein *ABC des Judentums*.

> **A**ntisemitismus / **A**nne Frank, **B**anken / **B**runnen vergiften / **B**agel / **B**ücher / **B**eschneidung / **B**ar bzw. **B**at Mitzwa, **C**hanukka, **D**avidstern / **D**reidel, **E**ssen, **F**inanzen, **G**eld / **G**ierig / **G**edenkveranstaltung, **H**olocaust / **H**interlistig / **H**ebräisch / **H**eiliges Land, **I**srael / **I**ntellektuell, **J**esus / **J**iddisch, **K**lezmer / **K**oscher, **L**e'Chaim, **M**acht / **M**ahnmal / **M**enora / **M**endelssohn, **N**ase / **N**athan der Weise, **O**y Vey, **P**alästina, **Q**Anon, **R**eligion / **R**abbi, **S**chmock / **S**(ch)abbat, **T**ora, **U**northodox, **V**erschwörung / **V**ergangenheit, **W**irtschaft / **W**issen, **X**enophobie, **Y**alla / **Y**armulke, **Z**insen / **Z**ionismus

Doch wer Judentum nur im Rahmen der eigenen stereotypen Erwartungen begreift, verdrängt weitere Aspekte jüdischer Identitäten. Jüdisches Leben ist mehr, und doch wird es, wie die deutsch-jüdische Autorin Esther Dischereit schreibt, in Deutschland immer wieder als »eine Angelegenheit der Gedenkstunden«[1] charakterisiert.

Für uns Jüdinnen:Juden gehört es zum Alltag, gegen diese Fremdzuschreibungen anzukämpfen. Unsere Erfahrungen sind durch Migration, Geschlecht, Sexualität, Klasse oder durch Antisemitismus und Rassismus geprägt. Doch wenn man in Deutschland über Jüdinnen:Juden spricht, dann kommt all das nicht vor. Als Jüdin:Jude in dieser Gesellschaft aufzuwachsen, bedeutet, sich mit diesen Zuschreibungen auseinanderzusetzen. Jeden Tag. Ob man will oder nicht. Denn sie begegnen uns überall.

Ich habe mich bereits in frühen Kindertagen auf die Suche nach meiner Identität gemacht. Mehr identitätsstiftende Erfahrungen gemacht, als ein großer Teil der deutschen Gesellschaft wahrzunehmen vermag. Wie spannungsreich diese Identitätssuche ist, vermittelt schon die folgende Frage:

Sind wir deutsche Jüdinnen:Juden oder Jüdinnen:Juden in Deutschland? Die Antwort ist, dass es keine Antwort gibt. Es sind Aushandlungsprozesse eines jeden jüdischen Individuums in diesem Land. Im Land der Täter:innen. Diese Aushandlungsprozesse, die Erfahrungsmomente und schlussendlich die Identitätsbildung finden im jüdischen und nichtjüdischen Setting statt. Für mich war ein wesentlicher Ort das Stadion.

Im Jahr 1986 gründete sich mit den *Fortuna Eagles* die erste Ultra'-Gruppierung in Deutschland.

Sie definieren Ultra' wie folgt:

> »Die Ultras zeichnen sich vor allem durch Aktionen mit pyrotechnischen Hilfsmitteln, diversen Choreographien sowie durch jegliche Ablehnung von Kooperationen mit den Vereinen aus. Die Ultras aus Italien dienten hier als Vorbild. Man konnte sich weder mit den damals noch weit verbreiteten Kutten noch mit der Hooligan-Szene identifizieren. Was man wollte, war ganz einfach einen spektakulären Support mit diversen Ideen und Hilfsmitteln, um die eigene vergötterte Mannschaft zum Sieg zu treiben.«[2]

Denn ich habe einen Teil meines Lebens direkt oder indirekt mit »den Ultras« verbracht. Zwar war ich kein Ultra' und hätte mich auch nie so bezeichnet, aber nichtsdestoweniger hat mich diese Jugend- und Subkultur angezogen und letztlich auch geprägt. Auch oder gerade wegen meines Judentums. Ultra' – das bedeutet für mich Zusammenhalt, kollektive Identität und die Bewahrung von Tradition. Alles Ideale, die sich durchaus auch im Judentum wiederfinden. Anders hätten wir als Volk, Religion, Kultur und als Menschen in Anbetracht Tausender Jahre Verfolgung nicht überleben können. Und es ist noch mehr: Es ist Selbstbehauptung. Oder um es mit einem Doppelhalter[3] der Ultra'-Gruppe des 1. FC Köln *Wilde Horde* zu sagen: »We'll never stop living this way!« Egal, was uns entgegenschlägt.

Die Lebensart, welche die Ultra'-Kultur[4] für sich in Anspruch nimmt, verschmilzt Elemente verschiedener Subkulturen miteinander. Die Ursprünge der Ultras sind in den italienischen Studierendenprotesten Ende der sechziger Jahre und der damit einhergehenden Politisierung der Kurven zu finden. Der Dresscode sieht bestimmte Modemarken vor. Die Kreativität von Street-Art zwischen Graffiti und Aufklebern spielt eine wichtige Rolle. Und es werden militanter Neonazismus, Kampfsport und Hooliganismus miteinander verknüpft.[5] Die unterschiedlichen subkulturellen Elemente der Fanszenen boten mir die Möglichkeit der Beschäftigung mit all dem, was mir in meinen jüdischen Kontexten nie über den Weg gelaufen wäre.

Wie wertvoll diese Erfahrungen in explizit als nichtjüdisch wahrgenommenen Räumen für mich und mein späteres Leben werden würden, sollte ich erst zu einem späteren Zeitpunkt begreifen. Damals war ich lediglich der jüdische Jugendliche, der im Stadion mit »den betrunkenen Proleten«, »den verrückten Fans« oder schlichtweg den »Chaoten« zusammenstand. Zwar gab es vereinzelt Jüdinnen:Juden in meinem Umfeld, die eine ähnliche Leidenschaft verspürten. Doch meist empfand ich mich aufgrund der Kommentare von jüdischen Freund:innen als Abweichler von der Norm. Vielleicht war das der Grund, weshalb ich trotz bestehender Kritik an einigen Aktionen und Herangehensweisen eine Sympathie für Ultras empfand.

Auch sie haben mit Widerständen zu kämpfen. Widerstände, die aus einem Nonkonformismus resultieren. Für sie war Fußball schon immer mehr als die 90 Minuten am Spieltag. Es ist ihre Haltung, das ganze Leben für den Verein zu geben, die mich fesselte, seit ich in der Kölner Südkurve zum ersten Mal die rot-weißen Fahnen gesehen und die Fangesänge gehört hatte. Ein mutmaßlich vergleichbares Gefühl, alles für den eigenen Verein geben zu wollen, entwickelten meine jüdischen Kritiker:innen Jahre später. Anders kann ich es mir nicht erklären, dass sie von der VIP-Lounge in den Stehplatzbereich wechselten, Bilder von atemberaubenden Choreographien auf ihren sozialen Medien hochluden oder beim ersten Anzeichen von Pyrotechnik das Handy bereithielten. Ich kann das verstehen.

Jüdisch in Deutschland zu sein – das allein bedeutet für mich, Widerstände auszuhalten und sie anzufechten. Schließlich wird einem von der Gesellschaft bereits in jungen Jahren vorgegeben, *was es bedeutet, jüdisch zu sein*. Ob auf der staatlichen Schule oder der privaten, auf der Hausparty oder in politischen Kontexten. Wer erinnert sich nicht an die ersten Sätze, wenn man sich in einer Runde als Jüdin:Jude zu erkennen gibt. Häufig antwortet das Gegenüber dann sehr überrascht: »Du bist jüdisch?« Diese Frage findet jedoch nicht im Hinblick auf Religion oder Kultur statt. Wie Laura Cazés in der Sendung *hauptsache kultur* des Hessischen Rundfunks festhielt: »Was damit gemeint ist, ist auch häufig: ›Bist du Jüdin, hattest du Familie, die während des Holocaust umgekommen ist?‹ ›Hast du Familie in Israel? Wo kommst du eigentlich her? Bist du überhaupt deutsch?‹«[6] Problemlos lassen sich Reaktionen auf das Judentum ergänzen. Beispielsweise durch:

»Du bist die:der erste Jüdin:Jude, die:den ich treffe.«
»Du siehst gar nicht jüdisch aus.«
»Ich war auch schon einmal in Israel.«

Journalist:innen haben einen ganz eigenen Weg, uns ihr eigenes Verständnis von Jüdischsein aufzudrücken. Es kann nicht jüdisch sein, was nicht auch jüdisch aussieht. Wie oft wurden jüdische Interviewpartner:innen, auch ich selbst, in Synagogen gefilmt. Dabei wird häufig nicht nachgefragt, ob die Person die Synagoge auch im Alltag mehr oder minder regelmäßig besucht bzw. ob sie in die gezeigte Synagoge geht. Hauptsache, das Bild betont die Botschaft, die dem nichtjüdischen Publikum (von dem die Redakteur:innen ausgehen) verständlich gemacht werden soll. Ähnlich verhält es sich mit den Schlagzeilen, die nach einem antisemitischen Vorfall zu lesen sind. Mit wenigen Ausnahmen bebildern alle Medien den Vorfall mit einem männlichen Hinterkopf, der eine Kippa trägt. Im Idealfall mit einem großen Davidstern. Damit allen klar wird: ES GEHT UM DAS JUDENTUM. Was ist das überhaupt für ein Judentum, das Journalist:innen darzustellen versuchen, und welchen Platz nimmt das individuelle Judentum der porträtierten Person dabei ein? Die journalistische Betrachtungsweise des *Judentums* verdeckt eine jüdische Diversität, die sich nicht nur an religiösen Ritualen, Praktiken oder Symbolen aufzeigen lässt. Sie kreiert ein Theaterstück, in dem Jüdinnen:Juden gnädigerweise auch eine Rolle spielen dürfen. Die der:des Jüdin:Juden. Sie dürfen Kippa tragen, sie dürfen Tefillin anlegen oder Feiertage begehen. All das, was die Mehrheit der Gesellschaft nicht kennt oder selbst nicht tut. Laura Cazés und Jakob Baier haben diesen medialen Zustand, nach der 2020 erschienenen Netflix-Serie *Unorthodox*, in unvergleichlicher Kürze analysiert:

»Eine mehrheitsgesellschaftliche Perspektive erfreut sich derzeit munter an einem nie dagewesenen Einblick in eine fremde, exotische Welt und unterliegt dabei ihrem eigenen

German Gaze. Darin spiegelt sich ein Bedürfnis wider, das jüdische Fremde ohne Umstände anzustarren, eine Welt, die mit ihnen selbst nichts zu tun zu haben scheint.«[7]

Aber es sind auch Vorgaben, die wir uns selbst auferlegen, und das in einer Gesellschaft, die uns seit jeher feindlich gesinnt war. Schließlich sind wir Produkte unserer Umwelt. Wir bewegen uns in den unterschiedlichsten Kontexten. Sie können (sub-)kultureller, politischer, sportlicher oder ganz anderer Natur sein. Es ist für uns ein Drahtseilakt, einerseits auf Antisemitismus aufmerksam machen zu müssen, während wir uns andererseits nicht über ihn definieren wollen. Das ist kräftezehrend, ermüdend und erschütternd. Denn Antisemitismus und antisemitische Denkmuster sind integraler Bestandteil der postnazistischen Gesellschaft der Bundesrepublik Deutschland. Laut der Leipziger Autoritarismus-Studie von 2020 stimmten 24,6 Prozent der Befragten der Aussage »Auch heute noch ist der Einfluss der Juden zu groß« latent zu. Die manifeste Zustimmung zu dieser antisemitischen Aussage lag bei 10,2 Prozent.[8] Dass solche antisemitischen Denkmuster auch in reale Gewalt umschlagen können, hat der 9. Oktober 2019 gezeigt. Am höchsten jüdischen Feiertag Jom Kippur versuchte ein schwerbewaffneter Rechtsterrorist, sich Zugang zur Synagoge in Halle zu verschaffen, um die betenden Menschen zu ermorden.[9] Der rechtsterroristische Anschlag von Halle ist das von meiner Generation erlebte Aufreißen der Narbe, die sich Shoah nennt. Die damit für die Gesellschaft sichtbar und gegenwärtig gewordene Bedrohungssituation für Jüdinnen:Juden in Deutschland und der eliminatorische Grundgedanke des Antisemitismus ist aber alles andere als neu. Der Anschlag von Halle steht in einer Kontinuität zahlreicher Angriffe, die seit 1945 in Deutschland verübt wurden. Das hat Ronen Steinke in seinem 2020 erschienenen Buch *Terror gegen Juden* eindrucksvoll und erschreckend vor Augen geführt. Die *Recherche- und Informationsstelle Antisemitismus* dokumentiert in ihrem Jahresbericht 2020[10] an die 2000 gemeldete antisemitische Vorfälle im gesamten Bundesgebiet.[11] Nicht alle Jüdinnen:Juden haben in ihrem Leben Antisemitismus erfahren oder wollen sich damit auseinandersetzen. Trotzdem werden sie damit konfrontiert, als Betroffene oder Expert:innen gesehen. Ob sie wollen oder nicht.

Man kann als Jüdin:Jude nicht einfach nur jüdisch sein in diesem Land und in Ruhe sein eigenes Leben leben. Am Ende des Tages ist und bleibt man die:der Jüdin:Jude als Anschauungsobjekt, und an dieses Sein sind Erwartungen geknüpft. Sie mögen negativer oder positiver Natur sein, aber so oder so – es sind Fremdzuschreibungen. Die Erwartungshaltung gegenüber den jüdischen Menschen in Deutschland ist eine zutiefst utilitaristische. Denn »der Diskurs über das deutsche Judentum wird zum größten Teil durch romantisierende Vorstellungen bestimmt, etwa den Wunsch nach Fortsetzung eines deutsch-jüdischen Lebens nach der Shoah als Geschenk, als das es häufig bezeichnet wird. Juden werden bis heute an dieser Vorstellung gemessen.«[12] Es ist eine Vorstellung, nach der Jüdinnen:Juden etwas Herausragendes für dieses Land geleistet haben müssen.

Die deutsche Gesellschaft betont immer wieder, dass Albert Einstein oder Heinrich Heine jüdisch waren. Der jüdische Blogger und Autor Chajm Guski stellt die Frage, die für das heutige Leben vieler Jüdinnen:Juden in Deutschland von Bedeutung ist: »Da ist die Gegenfrage, was wäre, wenn das nicht passiert wäre. Wenn jüdische Leute einfach in Deutschland, in diesem geographischen Raum gelebt hätten und hätten einfach nichts beigetragen. Wären einfach da gewesen.«[13] Warum sollten Jüdinnen:Juden dem Land, das sie millionenfach in die Gaskammern getrieben hat, beweisen, wie wertvoll sie sind?

Mich erinnert diese Widerspenstigkeit der Ultras, das nonkonformistische Dagegenhalten, das Infragestellen des Status Quo, an die Art und Weise, mit der Jüdinnen und Juden gegen Bilder halten, mit denen ihre Präsenz aufgeladen wird. So wie sich Ultras nicht an den Normalzustand des kommodifizierten Fußballs mit seinen überteuerten Eintrittspreisen, den Übernahmen von Vereinen durch Investor:innen oder der Zerstückelung der Spieltage zugunsten der Fernsehübertragungen gewöhnen wollen, wollen viele (junge) Jüdinnen:Juden den gesellschaftlichen Anforderungen und damit dem *ABC des Judentums* widersprechen. Während die Ultras wie anfangs erwähnt ihren Ursprung in den Studierendenprotesten hatten, waren viele der Jüdinnen:Juden, die sich laut Gehör verschaffen, während ihrer (politischen) Sozialisation Mitglied in jüdischen Studierendenorganisationen. Vor allem im deutschsprachigen Raum erlebte die jüdische Studierendenbewegung in den letzten Jahren eine regelrechte Renaissance. Mit dem Vorstandswechsel im Herbst 2016 erwachten die *Jüdischen österreichischen HochschülerInnen* (JöH) aus dem Winterschlaf. Im selben Jahr gründete sich mit der Jüdischen Studierendenunion Deutschland (JSUD) eine Plattform für junge Jüdinnen:Juden auch nördlich der Alpen. Sie folgte ihrer inaktiven Vorgängerorganisation, dem *Bundesverband Jüdischer Studenten Deutschland*, und war das Resultat vieler verschiedener Initiativen jüdischer Studierender in ganz Deutschland.

Zu diesen positiven Entwicklungen trug auch der europäische Dachverband der JöH und der JSUD bei, die European

Union of Jewish Students mit Sitz in Brüssel. Durch transnationale Prozesse konnten sich Räume politischer Selbstermächtigung einer sonst bedrängten Gruppe entwickeln und etablieren. Orte, die ich in meinem Leben besucht habe und mitgestalten konnte. Sie haben mich und viele weitere Menschen auf politischer, professioneller und privater Ebene wachsen lassen. Eine jüdische Studierendenunion gibt ihren Mitgliedern die Möglichkeit, ihre individuellen politischen Interessen in einem sicheren Raum zu besprechen, ihre Ideen umzusetzen und sich gleichzeitig öffentlich Gehör zu verschaffen. Da sie ihre Interessen jedoch nicht nur in jüdischen Kontexten ausüben können und wollen, beschränkt sich das Engagement nicht auf reine Partikularinteressen von Jüdinnen:Juden. Noch wichtiger ist es, die großen politischen Fragen unserer Zeit durch eine jüdische Brille zu betrachten und daran zu arbeiten. Denn gerade das Gefühl, selbst den Stift in die Hand nehmen zu können und die ganz eigene jüdisch-politische Geschichte zu Papier zu bringen, macht den Kern des Aktivismus jüdischer Studierender aus. Getreu dem Credo »Wir nehmen das Schicksal selbst in die Hand«. Dabei steht der prägende individuelle Charakter der einzelnen Präsident:innen und Verbände dem der großen politischen Organisationen in nichts nach.

Über fünf Jahre war ich Teil dieser Welt. In dieser Zeit und darüber hinaus habe ich Menschen aus aller Welt kennenlernen dürfen, die unterschiedlicher nicht hätten sein können. Die Art und Weise, wie der individuelle politische Aktivismus ausgelebt wurde, hatte viel mit dem eigenen Erleben zu tun. Zum Beispiel mit den eigenen Erfahrungen von Diskriminierung, die bei mir für eine antidiskriminierende Grundeinstellung sorgte. Aber auch die Möglichkeit, politisch aktiv zu sein, und das unabhängig von vorherrschenden Stereotypen. Vielerorts waren es junge jüdische Stimmen, die sich proaktiv in gesellschaftliche Debatten einmischten und sich provokant und konstruktiv einen Platz in der öffentlichen Wahrnehmung jüdischen Lebens erarbeitet haben, indem sie sich der verschiedensten subkulturellen Elemente bedienten. Europaweit standen sie für ihre eigenen Narrative ein, haben Themen besetzt und Solidarität bewiesen. In Deutschland haben jüdische Studierende knapp 30 000 Euro für İsmet und Rifat Tekin, die Besitzer des *Kiez-Döner*[14] in Halle, gesammelt, während jüdische Studierende in Wien nach dem islamistischen Terroranschlag am 2. November 2020 eine Gedenkkundgebung für die Opfer organisierten,[15] an der Tausende Menschen teilnahmen, aber auch mit der Kampagne *Never Again. Right Now.* auf den anhaltenden Genozid an der muslimischen Minderheit der Uigur:innen durch die chinesische Regierung aufmerksam machten.

Die jüdischen Gemeinden in Deutschland bestehen unter anderem aus jungen und politischen Jüdinnen:Juden, die in der dritten Generation nach der Shoah hier leben und von denen ein Gros eine Migrationsgeschichte hat. Das mag für die Bundesrepublik Deutschland wie ein Sechser im Lotto der Aufmerksamkeit klingen, spiegelt aber für meine Generation den Normalzustand wider. Dieser in Wahrheit absurde Normalzustand erlaubt es uns, in der deutschen Öffentlichkeit sichtbar zu werden und über Themen zu sprechen, die für uns wichtig sind. Das geschieht jedoch nur in Auseinandersetzungen mit den Themen, auf die wir reduziert werden. Ich kann sein, wer ich bin, aber ich bin gleichzeitig immer »der Jude«. Ich befasse mich professionell mit Antisemitismus, aber bin gleichzeitig auch »das Opfer« von Antisemitismus.

Chajm Guski bringt es auf den Punkt, wenn er sagt: »Es

gibt ein paar Dinge, die werden von, sagen wir mal, der nichtjüdischen Umwelt für speziell jüdisch gehalten. Da ist es gut, wenn man dem etwas sozusagen entgegensetzt.«[16] Sein, wie ich bin, entgegen der gesellschaftlichen Erwartungen, entgegen der vorgeschriebenen Rollen und entgegen der Korridore der Sichtbarkeit, das ist mein jüdischer Widerstand. Wir haben unterschiedliche Biographien und ganz individuelle Zugänge zum Judentum, und wir lassen uns nicht in eine Schublade stecken. Das führt dazu, dass wir als jüdische Gemeinschaft in Deutschland für einen großen Teil der Menschen nicht greifbar sind. Mit jeder jüdischen Person, die ich in meinem Leben getroffen habe, wuchs in mir die Fähigkeit, Widersprüche auszuhalten. Ihre Geschichten zu hören, ihr Judentum zu verstehen, das stärkte mein eigenes Judentum. Trotz der Steine, die mir von innen und von außen in den Weg gelegt wurden. Ich bin, wer ich bin, ich bin jüdisch, und ich bin nicht allein.

Und deshalb bin ich der Überzeugung, dass ich dieses Gefühl mit vielen Menschen innerhalb der jungen jüdischen Generation teile. Dieses Gefühl lässt sich mit lediglich einem Wort treffend beschreiben, und doch ist es mehr als nur dieses eine Wort: Widerständigkeit. Doch es ist nicht nur ein Rebellieren gegen die mir entgegengebrachten Erwartungen und Zuschreibungen. Was als Funke einer Rebellion begonnen hat, hat sich über die Jahre zu einem (selbst-)bewussten Aushandlungsprozess entwickelt. Ein Prozess, in dem ich die Erwartungen der mir gegenüberstehenden Personen abwehren muss, mir ihrer aber dennoch voll und ganz bewusst bin. Es ist das Bewusstsein dafür, dass ich diese Erwartungen trotz aller Kritik daran auch selber manchmal durchaus erfülle, dass sie Teil meiner Arbeit sind, um schlussendlich meine Botschaft einer breiteren Öffentlichkeit näherzubringen. Denn es gibt kein einfaches Entfliehen, es gibt kein Ausbrechen aus der Gesellschaft und den in ihr dominierenden Vorstellungen. Veränderungen können nur Stück für Stück erfolgen. Sichtbarkeit ist bei diesem Veränderungsprozess unabdingbar. Ich bin mir also der Widersprüchlichkeit meines eigenen Handelns bewusst. Ich akzeptiere und adaptiere sie in meinem Alltag, denn es ist eine notwendige Widersprüchlichkeit. Weder täusche ich mich selbst, noch ergebe ich mich ihr. So definiere ich meine eigene Form der Widerständigkeit.

Sie hat mich durch viele Stationen meines Lebens begleitet. Ich konnte diese ganz besondere Form der Widerständigkeit im Stadion und innerhalb der aktiven Fanszenen kennenlernen, oder aber während des politischen Aktivismus in diversen Studierendenorganisationen. Es ist diese Widerständigkeit, die mich antreibt und die ich für unabdingbar halte. Hier werde ich zum handelnden Subjekt und trete aus der Objektposition heraus. Denn indem ich mir nicht nur meiner eigenen Widersprüche bewusst werde, sondern sie offen als solche benenne und eigene Worte für sie finde, erringe ich ein kleines bisschen von dem, was wir brauchen, um die Stereotype und Vorstellungen über jüdisches Leben in der deutschen Gesellschaft zu sprengen: Definitionsmacht.

## Anmerkungen

1 Dischereit, Esther (1998): »Kein Ausgang aus diesem Judentum«. In: Übungen, jüdisch zu sein: Aufsätze, 1. Aufl., Frankfurt am Main: Suhrkamp Verlag. S. 16–35, hier S. 19 f.

2 Fortuna Eagles (o. J.): Die Geschichte der Fortuna Eagles. Online verfügbar: https://www.fortuna-eagles.com/geschichte/ (aufgerufen am 02.01.2022)

3 Bei einem Doppelhalter handelt es sich um ein Fanutensil. Dabei wird ein bemalter Stoff (z. B. das Vereinswappen) an zwei Stöcken befestigt und lässt sich damit in die Luft halten.

4 Bei *Ultras* handelt es sich um keinen einheitlich feststehenden Begriff, der wissenschaftlichen Kriterien unterliegt. Die Verschmelzung zwischen Ultras und anderen Subkulturen, z. B. Casuals, Groundhoppern oder Hooligans, ist je nach Gruppierung unterschiedlich stark ausgeprägt.

5 An dieser Stelle sei das Buch »Ihr Kampf – Wie Europas extreme Rechte für den Umsturz trainiert« von Robert Claus empfohlen.

6 hrfernsehen (2020): Jung, jüdisch, unorthodox. [YouTube]. Online verfügbar unter: https://www.youtube.com/watch?v=ywbng6ypvDM, 01:07–01:21 (aufgerufen am 12.01.2022).

7 Baier, Jakob / Cazés, Laura (2020): Deutsche, die auf Juden starren: Warum die Serie »Unorthodox« mehr mit uns zu tun hat, als uns lieb ist. In: ze.tt. Online verfügbar unter: https://www.zeit.de/zett/2020-06/deutsche-die-auf-juden-starren-warum-die-serie-unorthodox-mehr-mit-uns-zu-tun-hat-als-uns-lieb-ist-orthodoxes-judentum-jiddisch-shoah (aufgerufen am 04.01.2022)

8 Decker, Oliver / Kiess, Johannes / Schuler, Julia / Handke, Barbara / Pickel, Gert & Brähler, Elmar (2020): Die Leipziger Autoritarismus Studie 2020: Methode, Ergebnisse und Langzeitverlauf. In: Decker, Oliver & Brähler, Elmar (Hg.): Autoritäre Dynamiken: Alte Ressentiments – neue Radikalität. Leipziger Autoritarismus Studie 2020. Gießen: Psychosozial-Verlag. S. 27–87, hier S. 39 f.

9 Er ermordete vor der Synagoge die Passantin Jana Lange und erschoss später Kevin Schwarze im nahegelegenen *Kiez-Döner*. Mögen sie in Frieden ruhen.

10 Zum Zeitpunkt der Abfassung des Textes wurden noch keine Zahlen für das Jahr 2021 veröffentlicht.

11 Vgl. Bundesverband der Recherche- und Informationsstellen Antisemitismus e. V. (2020): Jahresbericht 2020: Antisemitische Vorfälle in Deutschland 2020. S. 15. Online verfügbar unter: https://www.report-antisemitism.de/documents/Antisemitische_Vorfaelle_in_Deutschland_Jahresbericht_RIAS_Bund_2020.pdf (aufgerufen am 12.01.2022)

12 Gerczikow, Ruben / Ott, Monty (2021): Deutsche Juden oder Juden in Deutschland? In: Welt. Online verfügbar unter: https://www.welt.de/debatte/kommentare/article224524108/1700-Jahre-Jubilaeum-Deutsche-Juden-oder-Juden-in-Deutschland.html (aufgerufen am 03.01.2022)

13 Florin, Christian (2021): Ist das Festjahr »1700 Jahre jüdisches Leben«

ein Erfolg? In: Deutschlandfunk. Online verfügbar unter: https://www.deutschlandfunk.de/1700-jahre-juedisches-leben-ist-das-festjahr-ein-erfolg-a-lehrer-vs-c-guski-dlf-58221b81-100.html (aufgerufen am 03.01.2022)

14 Inzwischen wurde der *Kiez-Döner* in das Frühstückscafé *Tekiez* umgebaut. Im Mai 2022 gaben die Besitzer des umgebauten Frühstückscafé Tekiez die Aufgabe des Betriebs bekannt.

15 In Erinnerung an Gudrun, Nedjip, Qiang und Vanessa.

16 Florin, Christian (2021): Ist das Festjahr »1700 Jahre jüdisches Leben« ein Erfolg? In: Deutschlandfunk. Online verfügbar unter: https://www.deutschlandfunk.de/1700-jahre-juedisches-leben-ist-das-festjahr-ein-erfolg-a-lehrer-vs-c-guski-dlf-58221b81-100.html (aufgerufen am 03.01.2022).

# (UN)SICHTBARKEITEN

# GESCHENKE KOSTEN

## Warum Armut ein wesentlicher Teil jüdischer Gegenwart ist

*Erica Zingher*

Über Armut wird ungern gesprochen. Armut ist schambehaftet. Denn eigentlich darf es sie nicht geben. SPD-Politikerin Andrea Nahles warnte in ihrer Funktion als Bundesarbeitsministerin vor einigen Jahren mal davor, nicht in eine »rituelle Skandalisierung«[1] von Armut zu verfallen. Es sei gar nicht so schlimm mit der Armut in Deutschland, hörte man immer wieder von ihr.[2] Dahinter verbarg sich wohl der traurige Versuch, das sozialpolitische Versagen ihrer Partei schönzureden. Armut in einem reichen Land wie Deutschland, das ist schließlich nicht möglich. Was aber, wenn doch?

Über jüdisches Leben hingegen redet man in Deutschland gerne. Jedenfalls über jenes jüdische Leben, wie es die deutsche Gesellschaft am liebsten hätte: mit Kippa und Klezmermusik. Verbindet man nun beide Themenfelder, Armut und Juden, entsteht eine Realität, die außerhalb der Vorstellungskraft vieler liegt: Arme Juden. Wie fremd klingt das in deutschen Ohren?

Juden sind doch schließlich reich. Und die Rothschilds beherrschen die Finanzmärkte und Massenmedien. Das alte antisemitische Stereotyp einer privilegierten Minderheit hält sich bis heute. Für viele Menschen ist es in diesem Land deshalb unvorstellbar, dass Juden, ja, besonders Juden in Deutschland, von Armut betroffen sein könnten.

Rund 16 Prozent der deutschen Bevölkerung leben in relativer Armut.[3] Das heißt, sie verfügen über weniger als 60 Prozent des mittleren Einkommens. Oft verschärft sich die Situation im Alter noch einmal. Denn wer über Jahre hinweg nicht genügend in die Rentenkasse eingezahlt hat, ist später auf Leistungen der Grundsicherung im Alter angewiesen. Rund 2,4 Prozent[4] der deutschen Rentner:innen betrifft das. Was das mit Juden in Deutschland zu tun hat? Mit jüdischer Gegenwart? Erschreckend viel. Denn Jüdinnen und Juden, mehrheitlich jüdische Zuwander:innen aus der ehemaligen Sowjetunion, sind besonders betroffen von Armut: Mehr als 93 Prozent der jüdischen Zugewanderten sind auf Grundsicherung im Alter angewiesen. Nach Berechnungen der Zentralwohlfahrtsstelle der Juden in Deutschland leben bis zu 70 000 Menschen, darunter viele Shoah-Überlebende, unterhalb der relativen Armutsgrenze.

Jüdisches Leben darf an Feiertagen sichtbar werden. Dem 27. Januar zum Beispiel, wenn der internationale Holocaust-Gedenktag begangen wird, Politiker:innen Blumenkränze niederlegen, ein paar Kerzen angezündet werden und es heißt »Nie wieder« und welch ein Glück es sei, dass das jüdische Leben in Deutschland wieder blühe. Überlebende der Shoah, Rentner:innen, die einmal im Krieg gegen das nationalsozialistische Deutschland kämpften und siegten, werden diesen Phrasenpolitiker:innen gerne an die Seite gestellt. Als moralische Institution sollen sie das deutsche Gewissen beruhigen.

Hat sich jemals eine:r dieser Politiker:innen gefragt, wohin diese Menschen am Abend zurückkehren? Wie viel Geld ihnen noch für den restlichen Monat bleibt?

Realistische Geschichten über die jüdische Gegenwart in Deutschland müssten in Einzimmerwohnungen im Randbezirk stattfinden. Im 14. Stock einer Plattenbausiedlung. Während eines Besuchs bei der Tafel. Im jüdischen Altersheim. Diese Geschichten würden von Enttäuschung handeln und dem Gefühl, entwertet worden zu sein. Sie würden alte Menschen ins Zentrum rücken. Jüdinnen und Juden, die in Armut leben müssen.

Am 9. Januar 1991 beschloss die Ministerpräsidentenkonferenz die Aufnahme jüdischer Migrant:innen. Mehr als 200 000 Jüdinnen und Juden und ihre Familienangehörigen aus der ehemaligen Sowjetunion kamen dann zwischen 1995 und 2005 nach Deutschland. Als sogenannte jüdische Kontingentflüchtlinge fand man einen juristischen Rahmen für die Einwanderungsbewegung und ließ die Menschen aus »humanitären Gründen« einreisen. Denn echte Flüchtlinge waren sie nicht, sondern Einwander:innen, die ihre Ausreise manchmal über mehrere Jahre hinweg planten.

Ausgerechnet Deutschland!,[5] schallte es den postsowjetischen Jüdinnen und Juden entgegen. Sie wanderten schließlich nicht in ein Paradies für Juden ein. Zu einer Zeit, in der Asylbewerberheime brannten, Neonazis Jagd auf Andersdenkende und Migrant:innen machten, wurde die Entscheidung der russischsprachigen Jüdinnen und Juden, ins Land der Täter zu ziehen, zugunsten des Täterlandes instrumentalisiert: Wenn selbst die Juden kommen, dann kann's ganz so schlimm bei uns ja nicht sein. Ihre Einreise wertete man als Vertrauensbeweis des gerade wiedervereinigten Deutschlands.

Nicht nur sollten die Jüdinnen und Juden aus dem Osten das deutsche Gewissen entlasten, auch hoffte man, die jüdischen Gemeinden zu beleben. Mit nur noch 29089 Mitgliedern im Jahr 1990 drohten die Gemeinden auszusterben. Mit dem Zuzug postsowjetischer Jüdinnen und Juden wuchs die Zahl innerhalb weniger Jahre auf 100000 an.

Für die meisten spielte der Bezug zur Shoah eine untergeordnete Rolle. In Minibussen kamen Menschen mit dem Wunsch nach einem besseren Leben. Entscheidend war nicht, dass sie ins Land der Täter aufbrachen, sondern in ein anderes System einwanderten: in ein anderes politisches System, einen anderen Arbeitsmarkt, ein anderes Bildungssystem. Das Durchschnittsalter der jüdischen Zuwander:innen war hoch, ein Großteil von ihnen hatte das 40. Lebensjahr bereits überschritten. Zum zentralen Thema wurde für sie, ob ihre Berufsabschlüsse und Diplome anerkannt würden, ihr Studium noch etwas wert war.

Die deutschen Behörden verpassten es, diese zum Großteil gut ausgebildeten Menschen in den Arbeitsmarkt einzugliedern. 69 Prozent der Zugewanderten, die vor 1954 geboren sind, hatten einen akademischen Abschluss. In 78 Prozent der Fälle wurde dieser in Deutschland nicht anerkannt.[6] Ihr Fachwissen war plötzlich nichts mehr wert. Zeit, um ein Studium nachzuholen, blieb kaum. Die meisten Familien wählten den pragmatischen Weg. Schließlich musste Geld verdient werden. Nur, für Hilfsjobs waren die meisten oft zu alt. Später fanden sich viele von ihnen als Putzkraft wieder, sie wurden unfreiwillig erwerbslos oder arbeiteten in Arbeitsverhältnissen weit unter ihren Qualifikationen. So verpasste es ein Großteil dieser Menschen, lang genug zu arbeiten, um Rentenansprüche zu erwerben. Erst im April 2012 trat das sogenannte Berufsanerkennungsgesetz in Kraft. Es sollte fortan erleichtern, Berufsqualifikationen, die im Ausland erworben worden waren, in Deutschland anerkennen zu lassen. Man hatte aus der Erfahrung mit den jüdischen Kontingentflüchtlingen gelernt. Für sie kam das aber zu spät.

Diese Geschichte der verpassten Chancen lässt sich wunderbar in der damaligen Berichterstattung nachvollziehen. Denn die Geschichte der jüdischen Zuwander:innen ist auch eine Geschichte des medialen Versagens. In den Jahren der Einwanderung tauchten russischsprachige Jüdinnen und Juden zwar regelmäßig in den Medien auf. Mit den realen Problemen dieser Gruppe wurde sich aber selten beschäftigt. Lieber fokussierten sich Journalist:innen, wie der deutsche Staat selbst auch, auf Fragen der Identität: Man erzählte dem deutschen Publikum von zwei sich bekriegenden Fraktionen in den jüdischen Gemeinden, den Alteingesessenen, Kultivierten auf der einen Seite und den undankbaren Neuankömmlingen auf der anderen; zwei Gruppen, die kulturell und sozial durch einen tiefen Graben getrennt seien. So beschrieb es etwa ein Autor 2005 im *Spiegel*.[7] Man griff auf folkloristische Beschreibungen der angekommenen Jüdinnen und Juden zurück oder aber erzählte eine Opfergeschichte, von Juden, die geflohen waren aus dem zerfallenen Osten, wo ihr Judentum jahrzehntelang unterdrückt worden sei, und das nun im demokratischen Westen endlich ausgelebt werden könne.

Die Texte von damals sagen somit mehr über die deutsche Gesellschaft und ihre Erwartungen an die Ankömmlinge aus als über die Protagonist:innen, die jüdischen Zuwander:innen, selbst. Zwischen Anfang der neunziger Jahre bis circa 2005 las man kaum etwas über die ökonomischen Schwierigkeiten der Menschen und die Probleme, die sich aus der fehlenden Anerkennung ihrer Abschlüsse ergaben. Zwar wurde in Artikeln thematisiert, dass die jüdischen Emigrant:innen »mit dem Flugzeug, der Eisenbahn oder mit dem Auto« kamen, »in dem sie mitbringen, was immer sie von ihrem Leben, von ihrem Hab und Gut noch hierher transportieren konnten«, und dass sie »Häuser, Stellung und Einkommen«[8] aufgaben. In der Berichterstattung wurde also durchaus darauf verwiesen, dass die Einwanderer:innen ihren alten Status aufgaben, um ein neues Leben in Deutschland zu beginnen. Verfolgt wurde das Thema aber nicht, auch nicht erörtert, was ein Statusverlust für die Betroffenen bedeutet und wer dafür Verantwortung trägt. Lieber deutete man diesen Statusverlust um: Wer sein Leben aufgibt, um ein neues Leben in der Fremde zu beginnen, der muss schon ein armes, verfolgtes Opfer sein; was für ein Segen, dass Deutschland diese Hilfsbedürftigen aufnimmt. So klingt es in zahlreichen Texten von damals an. Wie so oft ging es um Deutschland selbst und die große moralische Geste, diesen Menschen die Aufnahme ermöglicht zu haben. Jüdinnen und Juden fungierten dabei als Statist:innen.

Man wollte seine neuen Juden gerne *wirklich jüdisch* haben, und am liebsten stumm. Wer etwas einforderte, aus seiner passiven Rolle als jüdischer Kontingent*flüchtling* ausbrach (und die Betonung liegt hier auf Flüchtling), wurde schnell verdächtigt, sich seinen Status erschlichen zu haben, nicht jüdisch genug und vor allen Dingen undankbar zu sein. So beschreibt der *Tagesspiegel* 1991 selten medienkritisch folgende Situation:

> »Auf dem Parkplatz von Hessenwinkel stehen die Autos der Neuankömmlinge, darunter große Limousinen. Wenn die Fernsehteams aus aller Welt anrücken, für die diese Flüchtlinge derzeit ein großes Thema sind, fahren

die Leute sie hinters Haus, weil sie nicht ins Bild passen, erzählt ein junger Mitarbeiter (…).«

Viele der Menschen fühlten sich nicht wohl in der ihnen zugewiesenen Opferrolle. Über die Zeit wandelte sich deshalb der Ton der journalistischen Berichterstattung: Waren die Ankömmlinge zuvor noch »als kulturell gebildete, akademisch geschulte Gruppe geschildert, die einem urbanen Milieu entstammt«, wie es die Soziologin Karen Körber in ihrem Buch »Juden, Russen, Emigranten« beschreibt; als Dichter und Denker, die ihren Tolstoi und Puschkin in St. Petersburg oder Kyjiw zurücklassen mussten, oder als Künstler und Musiker, die mit nicht mehr als einer Staffelei und ihrer Geige einreisten, so dominierte doch bald darauf ein negatives Bild. Jüdische Kontingentflüchtlinge durchliefen einen öffentlichen Wandel vom medientauglichen Künstlertypen zum Problemrussen. Da war es wieder, das altbekannte rassistische Klischee des mafiösen russischen Gauners. Immer öfter las man von der angeblichen Russenmafia. Zweifel machten sich breit an der jüdischen Identität der russisch-jüdischen Einwander:innen. Unter den jüdischen Kontingentflüchtlingen sollen Fälscher:innen gewesen sein, hieß es. Unbestreitbar, dass es Fälle gab, in denen falsche Papiere manch einem die Einreise als Jude ermöglicht hatten. Ignatz Bubis, damaliger Vorsitzender des Zentralrats der Juden, berichtete 1996 davon in einem Interview mit dem *Spiegel.*[9] Er spricht von einer gewissen Unsicherheit, die es manchmal darüber gebe, ob alle Unterlagen echt seien. Aus dieser vorsichtigen Formulierung konstruierten viele andere Medien Geschichten ganzer Mafiastrukturen. Eine gesamte Gruppe wurde unter Generalverdacht gestellt.

Zwei Rollen kristallisierten sich für die Ankömmlinge heraus: die des Kulturjuden und die des bemitleidenswerten und passiven Opfers. Die meisten postsowjetischen Jüdinnen und Juden konnten mit diesen vorgegebenen Identitätskonzepten nichts anfangen. Sie teilten die Erfahrung, in ihrer Heimat gesellschaftlich integriert gewesen zu sein und dennoch Diskriminierung erlebt zu haben. Sie wollten mehr, als Deutschland ihnen anbot.

Es muss erschreckend für die Deutschen gewesen sein, als sie feststellten: Diese Juden kamen gar nicht, um hier das deutsche Selbstbild aufzupolieren. Diese Juden kamen in der Hoffnung auf ein besseres Leben.

Die Migration russischsprachiger Jüdinnen und Juden wird bis heute als Erfolgsgeschichte verkauft. Sie gelten als vorbildliche Migrant:innen. Ein Integrationserfolg. Wolfgang Schäuble nannte das mal ein »Wunder«. Und der ehemalige Innenminister Thomas de Maizière bezeichnete jüdische Kontingentflüchtlinge 2009 als »Geschenk an Deutschland«.

Nur, wie viel ist man bereit, für diese Geschenke auszugeben? Welche Wertschätzung bringt man diesen Geschenken entgegen?

Seit Jahren weisen jüdische Institutionen darauf hin, dass es höchste Zeit ist, eine gerechte und angemessene Rentenregelung für jüdische Zuwander:innen zu erreichen. Passiert ist bisher wenig. Die Betroffenen werden immer älter, manche sind bereits gestorben, ohne je Anerkennung zu erfahren. Politisch wird das Thema verschleppt wie eine Krankheit. Von einer Bundesregierung zur nächsten.

Gehandelt wurde auch deshalb viele Jahre nicht, weil sich eine falsche Annahme hält: Die Grundsicherung sei kein Ausdruck von Armut, sie schütze Menschen in Deutschland davor. So sehen das fast alle im Bundestag vertretenen Parteien.[10] Wo keine Armut ist, kann sie auch nicht bekämpft werden.

Im Kampf um Anerkennung taucht auch das ein oder andere fragwürdige Argument auf. Manch eine politische Initiative fordert, jüdische Kontingentflüchtlinge im Rentenrecht mit Spätaussiedler:innen gleichzusetzen. Rund 2,2 Millionen dieser Spätaussiedler:innen kamen ebenfalls in den neunziger Jahren aus der zerfallenen Sowjetunion nach Deutschland. Weil Spätaussiedler:innen als Deutsche im Sinne des Bundesvertriebenengesetzes gelten, werden ihre Arbeitsjahre in Deutschland angerechnet. Für sie gilt das Fremdrentengesetz. Die Begründung dieser Forderung nach rentenrechtlicher Gleichsetzung wirkt konstruiert: Aschkenasischen Juden, wie es die jüdischen Zuwander:innen seien, könne eine Zugehörigkeit zum deutschen Sprach- und Kulturraum nachgewiesen werden. Die Juden aus dem Osten sollen also Deutsche sein.

Vonseiten jüdischer Institutionen gibt es Kritik an dieser Argumentation. In der Außenwahrnehmung könnte es fast so wirken, als wären Spätaussiedler:innen privilegiert. Tatsächlich ist eine Vielzahl von ihnen ebenfalls auf Grundsicherung im Alter angewiesen. Denn wer nach dem 6. Mai 1996 nach Deutschland zugezogen ist, erhält maximal 25 Rentenpunkte. Würde man dem Vorschlag folgen und jüdische Kontingentflüchtlinge mit Spätaussiedler:innen gleichsetzen, wartete auf sie also ein ähnliches Schicksal. Es gibt zudem genug überzeugendere Argumente, weshalb Jüdinnen und Juden im Alter eine faire Rente bekommen sollten. Eine vermeintlich deutsche Herkunft ist dafür nicht nötig.

2018 gab es Hoffnung auf eine Lösung des Problems. Da nahmen Union und SPD das Thema der Alterssicherung in den Koalitionsvertrag auf. »Für Härtefälle in der Grundsicherung wollen wir einen Ausgleich durch eine Fondslösung schaffen«, hieß es da. Und dass man Entsprechendes auch für die Gruppe der Spätaussiedler:innen und der jüdischen Kontingentflüchtlinge prüfen wolle. Übersetzt also: Es sollte eine billige Einmalzahlung geben, mehr nicht. Im Februar 2019 formulierten FDP, Grüne und Linke in einem gemeinsamen Antrag verschiedene Vorschläge, wie die Alterssicherung jüdischer Zuwander:innen gewährleistet werden könnte. »Nur weiteres Nicht-Handeln sollte keine Option sein«, schrieben sie.

Tja, am Ende ist nichts aus alledem geworden. Auf eine Fondslösung, wie sie die letzte Bundesregierung angekündigt hat, konnten sich Bund und Länder nicht einigen.

Die Koalierenden der aktuellen Regierung haben im Koalitionsvertrag festgelegt, »den geplanten Fonds aus der 19. Wahlperiode zur Abmilderung von Härtefällen aus der Ost-West-Rentenüberleitung auch für jüdische Kontingentflüchtlinge und Spätaussiedler« umzusetzen.

Ende Januar 2022 sagte die Parlamentarische Staatssekretärin im Sozialministerium, Kerstin Griese (SPD), dass eine »zügige Umsetzung der Fondslösung« möglichst zeitnah entschieden werden solle.[11] Bis zu 10000 Euro könnten dann als Einmalzahlungen möglich sein. Ob es tatsächlich zu den Einmalzahlungen in der genannten Höhe kommt, ist noch ungewiss. Eine Milliarde Euro ist zwar für den Fonds im Bundeshaushalt für das Jahr 2022 vorgesehen. Anspruch darauf haben aber nicht nur die jüdischen Kontingentflüchtlinge, sondern unter anderem auch Spätaussiedler:innen und Menschen aus Ostdeutschland, die durch die Überleitung ihrer DDR-Renten ins heutige Rentensystem benachteiligt sind. Nur wenn die Länder, so ist es der Wunsch des Bundes, eine weitere Milliarde in den Topf werfen, könnten die 10000 Euro Wirklichkeit werden.

Auch wenn dies auf den ersten Blick wie eine großzügige Geste erscheint, das strukturelle Problem der Altersarmut löst es nicht. Vielmehr wirkt es so, als wolle man das Thema nur allzu gerne schnell oder eben »zügig« von der politischen Agenda schmeißen. Mit groß wirkenden Summen sollen die Menschen abgespeist und zum Schweigen gebracht werden. Damit niemand mehr über die deutschen Versäumnisse spricht.

31 Jahre seit Beginn der offiziellen Einwanderung jüdischer Kontingentflüchtlinge gibt es für die älteren unter ihnen keine würdige Alterssicherung. 31 Jahre lang hat der deutsche Staat versagt. Jüdische Institutionen und Betroffene selbst mussten immer wieder daran erinnern und einfordern, dass man sie nicht vergisst.

Jüdinnen und Juden wurden in die Rolle eines Bittstellers gezwungen. Und das nicht zum ersten Mal. Wie entwürdigend das ist, zeigt auch das Beispiel der Ghettorente. Shoah-Überlebende kämpften jahrzehntelang um eine angemessene Alterssicherung. Die Politik ließ sich damit Zeit, ein entsprechendes Gesetz für sie zu formulieren. Zeit, die diese Menschen nicht hatten; in der sie ohne ausreichende finanzielle Absicherung leben mussten, die sie zum Teil niemals bekamen, weil sie vorher verstarben. Erst 2002 verabschiedete der Bundestag das sogenannte Ghettorentengesetz.

Betroffene mussten dann seitenlange Anträge ausfüllen und Fragen beantworten wie die, wer ihnen Arbeit im Ghetto vermittelt hatte. Was sollten die Überlebenden darauf antworten?

> »Bekanntlich hat es im Ghetto keine Arbeitsagentur gegeben. Ferner werden Schulzeugnisse verlangt. Man hat scheinbar vergessen, dass es sich bei den Antragstellern um sehr alte Menschen handelt. Die bürokratische Handhabung widerspricht der Würde des Menschen.«

So formulierte es Kurt Einhorn in einem Radiofeature der Journalistin Julia Smilga.[12] Einhorn kam 1941 ins Ghetto nach Mohyliw-Podilskyj, das auf dem damaligen Gebiet Transnistrien lag und heute zur Ukraine gehört. Für Brot und Kartoffeln half er den größeren Jungs, die Toten wegzuschaffen. Seine Eltern waren da schon an Hunger gestorben.

Überlebende verzweifelten an der Bewilligungspraxis der deutschen Behörden. Um Rente beanspruchen zu können, mussten sie nachweisen, dass ihre Arbeit im Ghetto freiwillig war und bezahlt wurde. Weil dies nachzuweisen realitätsfern, ja schlicht unmöglich war, wurden bis ins Jahr 2009 mehr als 90 Prozent der Anträge abgelehnt. Noch im selben Jahr wurde der Zugang zur Ghettorente endlich erleichtert. Armut unter Jüdinnen und Juden ist also kein neues Phänomen. Der Umgang des deutschen Staates damit ebenso wenig.

Schon früh wurde deutlich, dass es dem deutschen Staat bei den jüdischen Zugewanderten nicht um die große humanitäre Geste ging, als die man deren Aufnahme verkaufte, es ging immer um Deutschland selbst. In einem internen Runderlass des Auswärtigen Amtes, aus dem der *Spiegel* 1996[13] zitierte, wurden Bedenken geäußert, weitere Juden aus dem Osten aufzunehmen. Es wurde »vor den Folgen der Großzügigkeit« gewarnt.

Man war sich unsicher, wie die »schwierige Geschichte« zu handhaben sei. Wolfgang Schäuble schlug vor: »so leise wie möglich«. Und einen Unionspolitiker zitiert der *Spiegel* so: »Das hätte uns gerade noch gefehlt«, nach »der Debatte über Asylbewerber, Aussiedler, Ausländer« eine über »die Juden«.

Will man bei der Sprache deutscher Politiker:innen bleiben, dann wurde Deutschland *beschenkt*, mit Jüdinnen und Juden. Der Großteil von ihnen ist selbst leer dabei ausgegangen. Man hat diese Menschen wie Trophäen behandelt. Wie etwas, mit dem man sich schmücken kann. Jederzeit, so wie man es gerne hätte.

Das so gerne beschworene »blühende jüdische Leben«, es blüht ja tatsächlich. Die jüdischen Kontingentflüchtlinge haben erfüllt, was von ihnen einst verlangt wurde: In den letzten 30 Jahren ist jüdisches Leben im deutschen Alltag immer präsenter und sichtbarer geworden. Neue Synagogen wurden gebaut, jüdische Kindergärten und Schulen sind entstanden, es existiert wieder ein lebendiges Gemeindeleben. Rund 105 jüdische Gemeinden mit rund 100 000 Mitgliedern gibt es heute. Und weitere 100 000 Jüdinnen und Juden leben in Deutschland, sind aber nicht in Gemeinden organisiert. Auch sie prägen das jüdische Leben heute maßgeblich mit.

Junge Jüdinnen und Juden, Kinder und Enkelkinder der älteren jüdischen Zugewanderten, sind mit dem Eindruck groß geworden, dass sich dieses Land, das ihre Familie einst einlud, schon bald nicht mehr für sie interessierte.

Bis heute wirkt das politische Versagen von damals nach. Den Bruch, den die jüdischen Zuwander:innen in ihren Erwerbsbiographien erlebten, kann niemand heilen. Es wäre an der Zeit, Jüdinnen und Juden endlich Anerkennung entgegenzubringen, die weit über Festtagsreden hinausgeht. Auf leere Worte, erschöpfte Phrasen zu verzichten und das Leben von rund 70 000 Menschen real zu verbessern.

Ihnen das zu geben, was längst überfällig ist. Denn ja, Geschenke kosten.

# Anmerkungen

1 https://www.tagesspiegel.de/politik/streit-um-armutsbegriff-nahles-will-sachliche-debatte-ueber-armut/14592416.html

2 In ihrer Funktion als Bundesarbeitsministerin machte Andrea Nahles immer wieder deutlich, dass sie den Hinweis, immer mehr Menschen würden in relativer Armut in Deutschland leben, für zu übertrieben halte (u. a. https://www.faz.net/aktuell/wirtschaft/wirtschaftspolitik/andrea-nahles-gegen-den-relativen-armutsbegriff-13508843.html).

3 Bericht Paritätischer Wohlfahrtsverband von 2021; https://www.tagesschau.de/inland/armut-deutschland-paritaetischer-wohlfahrtsverband-101.html

4 Zahlen der ZWST

5 Ausgerechnet Deutschland! lautet der Titel einer Ausstellung im Jüdischen Museum Frankfurt aus dem Jahr 2010. https://www.juedischesmuseum.de/besuch/ausstellungen/ausstellungsarchiv/?tx_news_pi1%5Bnews%5D=509&cHash=19cf62976dbe864bd088428891b67c71

6 Aktuelle Zahlen der ZWST

7 Spiegel: »Halt mal die Schnauze«, 07.11.2005.

8 Tagesspiegel, 12.01.1991.

9 Spiegel: »Eine gewisse Unsicherheit«, 27.05.1996.

10 Die Position der Linken weicht einzig ab. Sie fordert unter anderem eine Solidarische Mindestrente in Höhe von 1200 Euro, um Altersarmut zu bekämpfen. https://www.linksfraktion.de/themen/a-z/detailansicht/grundsicherung/

11 https://www.rnd.de/politik/bund-haertefall-fonds-soll-altersarmut-bei-juedischen-zuwanderern-lindern-H5MISZBPLNDC7G25RYK6DPIP6A.html

12 https://www.br.de/radio/bayern2/sendungen/radiofeature/ghettorenten-holocaustueberlebende-rentenanspruch-renesse102.html

13 Spiegel: »So leise wie möglich«, 1996.

# TYRANNO JUDUS REX

*Daniel Donskoy*

Zwischen dem Moment, in dem man sich eine Deutschlandfahne ans Revers heftet und den Bundespräsidenten als Teil der deutschen Delegation nach Israel begleiten darf, und der Frage, ob man wirklich Deutscher sei;

Zwischen dem Moment, in dem man für die erste jüdische Late-Night-Show Deutschlands mit dem Fernsehpreis ausgezeichnet wird, und der Situation, in der man sich einen massiv ignoranten Juden-Witz anhören muss, liegen hin und wieder nur Minuten.

Willkommen im Paradox. Willkommen in der Wirklichkeit. Willkommen im Jahr nach meiner jüdischen Medientaufe. Seit nunmehr 365 Tagen lebe ich als deutscher Medienjude. Mehr, doch eigentlich minder versteckt, schlendere ich durch die menschendurchfluteten Straßen der Medienlandschaft. Irgendwo zwischen den engen Gassen der Zeitungsverlage und den prunkvollen Alleen der Fernsehanstalten habe ich mich eingemietet. Es ist ein Altbau mit Stuck und schönen Dielen. Anders als zu erwarten sein könnte, hat die Wohnung keinen Dachboden, auf dem ich mich verstecken könnte, würde die Situation zu brenzlig werden. Aber zum Verstecken in prunkvollen Altbauwohnungen später mehr.

Hätte man mich vorher bloß in einer Art gewarnt, die ich nicht direkt als neurotisch und paranoid abgetan habe. Hätte mir auch nur ein Mensch, dessen Rat ich gerne befolge – viele gibt es davon nicht – empathisch und mit klarer Deutungshoheit erklärt, was eine jüdische Medientaufe in Deutschland in der Realität bedeuten würde, was dieses »Privileg« beinhaltet, ich hätte lange überlegen müssen. Mir über Wochen hinweg den Kopf zerbrochen, hätte versucht, Pros und Kontras gegeneinander aufzuwiegen, um am Ende zu entscheiden, dass es wohl nicht die richtige Entscheidung wäre. Zum Glück fälle ich Entscheidungen aber nicht so. Und zum Glück höre ich auch nicht mehr auf meine Eltern.

Hätte ich die Zweifel in den Vordergrund meiner Sinne eindringen lassen, ich hätte vehement protestiert. Um versierte Erklärungsversuche gerungen. Meine eigene Unsicherheit mit allen mir zur Verfügung stehenden Mitteln der verbalen und kognitiven Eskalation übermalt, verdrängt und gekonnt ignoriert, um dann als Sieger über alle Kategorisierungsversuche meiner Person am Ende nichts gelernt zu haben.

Ich hätte die Bandbreite der Komplexität der medialen Wirklichkeit von Identitätsdebatten, die Kämpfe um Selbstbestimmtheit, die emanzipatorische Wirkung der Erkenntnis der Kraft seiner eigenen Stimme im gesellschaftlichen Raum, den Stress, die Selbstironie, das neurotische Universum des deutschen Bezuges zu lebendigen Juden … all das hätte ich versäumt.

Doch die Einladung in den Club der moralisch buckligen Flexitarier, in den Members-Club der masochistischen Headline-Paranoiker, in die Brigade der 260-Zeichen-Guerillakämpfer, die Einladung in den Club der weisen

Medienjuden hätte ich abgelehnt – hätte ich damals intensiver nachgedacht.

*

Ich laufe mit einer überproportional großen Kippa über den Körper gestülpt über den roten Teppich. Frühstücksfernsehen: Ich stelle um 7.25 Uhr meinen vorhautdezimierten Schmock zur Schau, um über Beschneidungen zu diskutieren, während Deutschland seinen ersten Filterkaffee des Tages zu sich nimmt. Fernsehgarten: Zu Applaus und umzingelt von schunkelnden Rentner:innen bewege ich meine Lippen zu einem Voll-Playback meiner neuveröffentlichten Single. Einer Klezmer-Cover-Version eines großen Helene-Fischer-Hits.

Aber ich wollte das doch alles nicht. Ich wollte kein Vehikel sein, um der deutschen Medienlandschaft und dadurch irgendwie auch stellvertretend der Mehrheitsgesellschaft eine Möglichkeit zu geben, sich besser zu fühlen, weil sie mich existieren lassen und mir Raum zum jüdischen Atmen geben. Panik. Meine Pupillen ziehen sich ruckartig zusammen, und fast, als wäre mein Leben ein Film von Darren Aronofsky, fast, als wäre ich Jared Leto in »Requiem for a Dream«, der sich gerade Heroin in die Venen spritzt – nur auf Rewind –, wache ich auf.

Es war alles ein Albtraum. Schweißgebadet liege ich in meinem Bett und versuche nachzuvollziehen, was von meinen tiefliegenden Ängsten, meiner kulturell bedingten Paranoia und identitätspolitisch getriebenen Solidarität diese Art der destruktiven Träume verursachen könnte.

Mein Telefon klingelt. Ich gehe nicht ran. Es klingelt wieder. Es ist die Redaktion. Wer? Die Redaktion des Westdeutschen Rundfunks.

»Matsal Topf, herzlichen Glückwunsch zu einem Jahr Medienjudentum.«

*

Noch vor einem Jahr war ich einfach nur »Medien«. Den Zusatz »Jude« habe ich mir schmerzhaft verdient. Wäre ich ein Pokémon, würde die nächste Stufe meiner Transformation bestimmt beinhalten, die Eigenschaft »Medien« wieder abgeben zu müssen und dann ein voll ausgewachsener TYRANNO JUDUS REX zu werden.

Am Anfang dieses Textes habe ich das große Paradox erwähnt – das möchte ich jetzt ausführen. Ich bin gefangen zwischen Kritik an der Gesellschaft und Kritik an mir selbst. Denn wer hat mich denn überhaupt gezwungen, Medienjude zu werden? Wer hat mich genötigt, die erste jüdische Late-Night-Talkshow zu verantworten und im öffentlich-rechtlichen Fernsehen »Ich packe meinen Koffer nach Auschwitz und nehme mit …« zu spielen? Hat mich irgendwer in die Ecke gedrängt, um zu erreichen, dass ich über mehrere Monate Dutzende Interviews mit Menschen aus Politik, Kultur und Medien führe, um in einem Podcast über »Die großen Judenthemen« der Zeit zu philosophieren – mit recht viel künstlerischer Freiheit und genug Chuzpe von Berlin nach Tel Aviv? Um zu erforschen, wie es um die deutschen Medien steht, die vielgelobte Debattenkultur, um den von vielen Liberalen immer wieder angepriesenen Meinungspluralismus – vorausgesetzt natürlich, es handelt sich um die Pluralität, die ins eigene Weltbild passt? Wer hat mich dazu verdammt, in ausweglose Twitter-Diskussionen einzusteigen, in denen ich mir anhören muss, ich würde Hetzkampagnen befeuern? Wer ist gottverdammt schuld an alldem? Am liebsten würde ich sagen: die Deutschen. Die fucking Deutschen waren es. Aber stimmt nicht. Nicht ganz. Ich bin selbst schuld – wie immer. Selbst gewähltes Schicksal, am Ende ist der Jude einfach selbst schuld.

Aber zurück zur Embryonalposition. Irgendwann im Jahr 2020 entschied ich mich, eine Show ins Leben zu rufen. Der Pitch: Die erste jüdische Talkshow in Deutschland. Was soll ich da bloß sagen, kann ich den jüdischen Teil meiner Identität so weit destillieren, dass ich es ernsthaft hinkriege, so darüber zu sprechen, dass ein mehrheitlich nichtjüdisches Publikum irgendwas damit anfangen kann?

*

Es ist Weihnachten 2020. Mein Produzent David Hadda und ich leeren die zwölfte Flasche Glühwein und fressen Salami in grobgeschnittenen Stücken. Wir befinden uns in Haddas schickem Hipster-Büro in Berlin Neukölln. Ob die Notizen auf unseren Zetteln, die schlechten Judenwitze über Asche im VW Käfer – und viel davon – uns in die richtige Richtung gebracht haben, wage ich zu bezweifeln. Eher haben wir verstanden, dass auch der Glühwein uns keine Antworten bieten wird, wie man Juden und Jüdinnen innovativ, informativ und unterhaltsam der Republik präsentiert.

Wir drehten einen ersten Piloten, der Gast stellte im Vorgespräch immer wieder in Frage, ob ich denn der Richtige sei, um repräsentativ für Juden und Jüdinnen zu sein. Ich stimmte ihm zu. Ich wollte nie Repräsentant sein. Das ist etwas, zu dem einen die Mehrheitsgesellschaft macht, doch dieser Gast triggerte mich sehr. Konservativ, engstirnig und undifferenziert sah er überall nur Antisemitismus. So ein Bild, so ein Gefühl wollte ich nicht vermitteln. In so einer Realität wollte ich nicht leben. Ich sah mir die Pilotfolge noch einige Male an und sagte schließlich meine Arbeit an Freitagnacht Jews ab.

*

Einige Wochen später sitze ich im tiefsten AfD-Land in unmittelbarer Umgebung von Berlin in einem Holzhaus. Allein. Na ja, nicht ganz. Meine Mitbewohnerin heißt Minni. Eine einäugige Katze, welche durch ihre Nasennebenhöhlenentzündung immer niesen muss und mit jedem Nieser ein klein wenig Schleim aus der leeren Augenhöhle absondert. Ich lege frisches Holz in den Kamin und denke dabei nicht an Krematorien. Ich bin in dieser Phase ziemlich selbstbemitleidend, überarbeitet und müde. Ich mache eine Flasche Whisky auf und schaue durch die CD-Regale meiner Vermieter. Zwischen The Cure und Schlageralben, deren Titel ich hier nicht nennen möchte, entdecke ich Idan Raichel. Wie hat sich der israelische World-Music-Star nach Brandenburg verirrt? Ich lege die CD ein und leere das Glas des schottischen Seelengetränks. Doch irgendwie stellt sich in mir statt Selbstmitleid Aufmunterung ein. Nein. Ich kann diese Show, diese Möglichkeit nicht aufgeben. Ich muss mich der Verantwortung stellen! Wir müssen einen Weg finden, um die erste jüdische Late-Night-Show zu realisieren. Minni starrt mich mit ihrem verbliebenen Auge an und niest – als würde sie sagen: JA! AUF IN DEN KAMPF!

Bis zum bitteren Endsieg.

Ich nehme das Telefon in die Hand und rufe im Führer-Hauptquartier von Turbokultur an. Oberfeldwebel Donskoy meldet sich freiwillig. Der Tyranno Judus Rex geht nun doch seine ersten Schritte. Aufrecht. Stolz und unbeirrt. Am anderen Ende des Hörers ist Kommandant Hadda hörbar erfreut.

*

Nach mehreren Monaten Redaktionssitzungen, 24-Stunden-Drehs, viel Alkohol und dem einen oder anderen Genussmittel, einem veganen Koch, der einem den Tod wünschte, so vielen Interviews, dass ich heute überhaupt nicht mehr weiß, was ich dort alles erzählt habe, war ich leer. Leergesaugt, ausgelaugt, angeschlagen, aber mit Preis in der Hand. Beraubt, aber reingewaschen vom Boulevard, hinein in die vermeintliche Gesellschaftsrelevanz.

*

Es ist der Abend des Fernsehpreises. Zwischen Jan Böhmermann und Carolin Kebekus sitze ich in den Rheinterrassen in Köln, während Michael Mittermeier die Kategorie für die Beste Late Night anmoderiert: »Nominiert sind: ein Mann, eine Frau und ein Jude.«

Nein, Michael, nominiert sind zu diesem Zeitpunkt: Jan, Carolin und Tyranno Judus Rex. Doch ich werde selbstverständlich weiter in die Kamera lächeln, denn so ein dumpfer Humor, so eine primitive Provokation wird mir nicht die Laune verderben. Dafür lebe ich schon zu lange in diesem Land.

Der Umschlag wird geöffnet. Freitagnacht Jews gewinnt den Deutschen Fernsehpreis. Tränen steigen mir in die Augen, während ich auf die Bühne gelotst werde. Was sagt man? Ich spreche von Repräsentation, obwohl ich kein Repräsentant sein wollte, keiner bin. Aber ich bin eine Projektionsmöglichkeit. Es ist okay. Ich akzeptiere das. Vielleicht hat sich alles doch gelohnt? Ist das Verständnis von lebendigen Juden ausgeprägter als vorher?

Zwei Stunden schmerzliche Veranstaltung mit Ruth-Moschner-Imitationen von Tahnee und minutenlange Perversionen über Reality-TV von Oliver Pocher, die den Sarg der deutschen Comedy zunageln, und zwei Gin Tonic später stehe ich auf der After-Show-Party. Eine mir unbekannte Person kommt auf mich zu:

»Hey, herzlichen Glückwunsch zum Preis! Ich hab da so eine Idee für einen Sketch bei eurer nächsten Staffel! Stell dir vor: Eine jüdische Familie läuft auf der Suche nach einem neuen Zuhause durch eine schicke Altbauwohnung in Berlin. Statt aber zu überlegen, wo die Möbel hinkommen« – die Person krümmt sich bereits vor Lachen, denn der bevorstehende Gag scheint wirklich phänomenal zu werden, ich spüre das schon –

»Und dann. Hahaha gucken sie …« Ihre Fratze verzerrt sich und irgendwie glaube ich nicht mehr an das Potenzial des Gags – »hahaha – gucken sie, wo man einen Dachboden reinziehen könnte … Verstehst du? …«

Ich: »Ja.«

Sie: »Und. Geil, oder?«

Ich: »Nein. Kack-Sketch.«

Sie: »Verstehst du es nicht? Eine jüdische Familie, ein Dachboden … Klopf klopf …«

Ich: »Anne Frank.«

Sie: »Genau!«

Ich: »Schönen Abend noch.«

Aber hey. Die erste jüdische Talkshow in Deutschland wurde mit einem Preis ausgezeichnet.

*

Ende 2021 musste ich dann raus. Raus aus Deutschland, weg von Pandemie, Identitätsdebatten, Antisemitismus und Israel-Kritik, und fand mich an einem wunderschönen Strand auf Sri Lanka wieder. Nur langsam konnte ich das Tyranno-Judus-Rex-Kostüm ablegen. Es war durch das lange Tragen wie zu einer zweiten Haut geworden. Doch inmitten von weißem Sand, mit meinem Surfbrett und einer frischen Kokosnuss in der Hand, gab es für diese Spezies keine Lebensgrundlage mehr. Hier hatte ich sechs Wochen lang keine Gags, keine Erklärungsversuche, keine Kritik, Juden waren hier egal, und auch ich kehrte langsam zu meinem Ursprung zurück. Dorthin, wo ich angefangen hatte. Zu jemandem, dessen jüdische Identität zu ihm gehört, die aber nicht alles bestimmt.

Kurz vor der Abreise zurück in die Berliner winterliche Einöde fällt mir ein, wie ich noch vor wenigen Monaten in Krakau stand, abfahrbereit zum Set der Netflix-Serie *Barbarians*. Vor dem Hotel stehen zwei schwarze Busse. Ich steige in einen der beiden ein, doch bemerke, dass auf den Sitzen Prospekte liegen anstatt der Texte für die Szenen, die an dem Tag gedreht werden sollen. Ich sitze im falschen Bus – im Bus nach Auschwitz. Nein danke, denke ich mir. Ich muss zwar auch in ein Lager, aber in ein römisches und ein fiktives und eines, das ich eigenständig wieder verlassen kann.

Ich muss leicht schmerzerahnend schmunzeln und bin bereit für meine Reise zurück nach Europa. Ich krame das Tyranno-Judus-Rex-Kostüm hervor und merke, wie es mit jedem Kilometer, mit dem ich näher nach Deutschland komme, wieder mit meiner Haut verschmilzt.

*

Angekommen, fliege ich nach Russland, um zum ersten Mal in meinem Leben als Schauspieler an einer russischen Produktion teilzunehmen. Das Timing könnte nicht schlechter sein und die geographische Position des Sets auch nicht. Ich spreche hier nicht über das Judesein. Es interessiert hier nicht. Wir sprechen über Politik, Kultur und Kunst, und ich bin fremd. Als Jude, Russe mit ukrainischen Wurzeln und Passdeutscher. Oh, man muss gar nicht Jude sein, um sich fremd zu fühlen. Es reicht einfach nur die gesellschaftliche Dissonanz.

*

Zurück in Deutschland verbringe ich dann den Montag im Podcast-Studio von Freitagnacht Jews, rege mich täglich über unkonkrete und irreführende Schlagzeilen in Bezug auf Israel und Palästina auf, schaue mit Besorgnis auf die Radikalisierung der Gesellschaft. Sehe jeden Tag das Leid der Ukrainer:innen, lebe, esse, schlafe und vergesse, dass ich nicht mehr ich bin. Sondern Tyranno Judus Rex.

Im Sommer produzieren wir die zweite Staffel Freitagnacht Jews – international. Entertainment par excellence – lebendige Juden, aber diesmal weltweit. Ich weiß, mein Medienjudentum nähert sich der Exkommunikation, doch ich kann es allein nicht schaffen.

Weder habe ich Prostatakomplikationen, noch habe ich ein klischeebehaftetes Problem mit Sodbrennen oder anderen Verdauungsbeschwerden. Nein, noch bin ich kein alter, zynischer jüdischer Mann, aber ich will auch nicht zu einem werden.

Deswegen sitze ich seit Wochen auf dem Dach meines Hauses, schaue mit einem Teleskop in den Himmel und sehne mich nach dem Moment, in dem ich endlich den Asteroiden entdecke, der den Tyranno Judus Rex auslöschen und mir die Freiheit geben wird, einfach wieder Daniel Donskoy zu sein, der gerne betrunken durch Berlin läuft, Techno hört, Adrenalinkicks als Lebenselixier braucht und Schauspieler, Musiker, Jude und Mensch ist. Aber eben kein Tyranno Judus Rex.

# SELEKTIVE SOLIDARITÄTEN

*Shahrzad Eden Osterer*

Ich bin 1984 in den Wirren des Iran-Irak-Krieges in Teheran auf die Welt gekommen. Die Erinnerungen an meine Kindheit außerhalb des behüteten Familienlebens sind voll mit Bildern von Krieg, Soldaten, Märtyrern und ihren weinenden Müttern, im Fernsehen und auf den Stadtmauern. Ich bin aber auch aufgewachsen in einem System, das auf Propaganda basiert. Als 1979 Ruhollah Khomeini im Zuge der islamischen Revolution an die Macht kam, war der schiitische Ajatollah in der sunnitisch geprägten Region isoliert und versuchte, Verbündete und Anhänger durch die offene Feindschaft zu Israel zu gewinnen. Die Vernichtung Israels gehörte seit Beginn zur Rhetorik der Islamischen Republik. Ich erinnere mich, wie jedes Jahr der Al-Quds-Marsch auf den Straßen von Teheran stattfand. Wie man Schüler*innen, Soldaten und Beamte mit Bussen herkarrte, ob sie wollten oder nicht. Ich erinnere mich an die amerikanischen und die israelischen Flaggen, die auf die Straßen oder vor die Türen der Ämter und Schulen gemalt wurden, damit die Menschen drauftreten. Und aufgewachsen in diesem Land hatte ich eine sehr romantisierte und idealisierte Vorstellung von Deutschland und Europa, bevor ich 2004 von Teheran nach Köln ausgewandert bin. Dass auch hier der Al-

Quds-Marsch stattfindet und dass ich auch hier brennende Israelflaggen auf den Straßen sehen würde, hatte ich mir damals beim besten Willen nicht vorstellen können. 2014 stand ich hochschwanger und zitternd in unserer Wohnung in Berlin, während Tausende Menschen quasi vor unserer Haustür »Hamas, Hamas, Juden ins Gas« und »Jude, Jude, feiges Schwein, komm heraus und kämpf allein« riefen. Mein Mann und sein kleines Team haben damals aus unserer Wohnung heraus die »European Maccabi Games« organisiert, die größte jüdische Veranstaltung in Europa mit 2100 Sportler*innen aus der ganzen Welt. Ich habe mich an diesen Tagen ständig gefragt, ob das eine gute Idee ist, ein jüdisches Kind in diese Welt zu setzen. Abends saßen wir mit jüdischen Freunden am Tisch und überlegten, ob wir noch in diesem Land bleiben könnten und wo auf der Welt wir überhaupt sicher wären. Manche von uns waren der Meinung, dass es hier für uns keine Zukunft gebe, und sind tatsächlich kurz darauf ausgewandert. Ich musste irgendwann feststellen: Diese Diskussionen werden wir immer wieder führen. Denn Judenhass ist auch in der deutschen Gesellschaft tief verankert. Er wird nur immer wieder entfesselt, wenn zum Beispiel der Nahostkonflikt erneut eskaliert. Im Mai 2021 gingen Videos im Netz rum, die zeigten, wie ein Mob vor der Synagoge in Gelsenkirchen antisemitische Parolen skandierte. Ein paar Wochen später, am 5. Juni, wurde ein Brandanschlag auf eine Synagoge in Ulm verübt. In vielen deutschen Städten gab es im Mai 2021 Demonstrationen gegen die Politik Israels, sehr oft mit lauten antisemitischen Parolen. Demonstrationen gegen die Hamas auf den Straßen Deutschlands gibt es kaum. Auch im April 2022 kommen einem manche Szenen bekannt vor, in Hannover werden sogar Menschen angegriffen. Der oft zitierte Satz »Antisemitismus hat keinen Platz in Deutschland«, er ist eine Floskel.

Auf den Demonstrationen sieht man Linke und Rechte, arabisch- und türkischstämmige Menschen. Alle sympathisieren sie mit den als unterdrückt empfundenen Palästinenser*innen. Genauso die faschistischen Grauen Wölfe, die der radikalislamistischen Hamas zujubeln. Palästinensische und türkische Flaggen prägen oft die Szenerie. Trotz aller unüberbrückbaren Differenzen sind sie sich in einer »Obsession« einig: Israel ist das alleinige Übel im Konflikt, ein Apartheidsstaat, der beseitigt werden muss. Und mittendrin Teile der deutschen Linken, die jetzt endlich ihr Palästinensertuch entstauben können und zu Demos auf die Straße ausführen. Bei Weißrussland und Lukaschenko, bei den Uiguren und China, beim Nationalismus der Basken, bei Erdogan und den Kurden, beim Krieg in Jemen, Afghanistan und Syrien, da sind die meisten jedoch zu Hause geblieben.

Und wenn die Palästinenser*innen selbst gegen die Hamas auf die Straße gehen und diese Proteste von ihr brutal niedergeschlagen werden, gibt es kaum Solidaritätsaktionen. Aber gegen Israel, da erwacht der Instinkt. Dass in der Folge hier in Deutschland Jüdinnen, Juden und Synagogen geschützt werden müssen vor dem größtenteils antisemitischen Mob – das scheint kein großes Problem zu sein. Menschen, die bei rassistischen, sexistischen und anderen Vorfällen von Diskriminierung zu Recht lautstark aufschreien, tun sich bei Antisemitismus oft vor allem durch eines hervor: betretenes Schweigen.

Wie kommt es, dass genau die Netzwerke und Organisationen, die sich selbst als ausgesprochen sensibel und empowernd verstehen, bei Antisemitismus abtauchen? Gibt es wirklich so etwas Unsolidarisches wie Opferkonkurrenz? Warum wird ausgerechnet bei Antisemitismus die Betroffenenperspektive ausgeblendet, wo gleichzeitig – und ebenfalls zu Recht – jede Mikroaggression und jeder Nanorassismus entlarvt wird? Und warum mischen Teile der Linken da so fröhlich mit?

### *Decolonize your soul: Warum der Kampf um Erinnerung Opfer nicht gegeneinander ausspielen sollte*

Am 28. Mai 2021 erkennt die Bundesrepublik Deutschland den Völkermord an den Herero und den Nama an, entschuldigt sich und will 1,1 Milliarden Euro Wiederaufbauhilfe leisten. In den allerersten Jahren des 20. Jahrhunderts wurden schätzungsweise 75 000 Angehörige der beiden Völker auf dem Gebiet des heutigen Namibia ermordet. Von den deutschen Kolonialherren. Diese Anerkennung und das Statement des damaligen deutschen Außenministers sind wichtig und gut, auch wenn sie viel zu spät kommen. Diese Anerkennung ist ein Erfolg – auch für den noch relativ jungen Forschungszweig der »Postcolonial Studies«. Dessen Kern ist die Beschäftigung mit den Folgen des europäischen Kolonialismus und dem Leid, das er über die kolonisierten Menschen gebracht hat. Diese Forschung ist bitter nötig. Aber es gibt ein Problem, wenn Teile ihrer Denker*innen Kolonialismus mit dem Holocaust auf eine Stufe stellen und Erinnerungen an beide Verbrechen gegeneinander ausspielen.

Letztes Jahr bekam ich eine Anfrage für die Moderation der Lesung von Emilia Roig in München. Sie ist Autorin, Politologin und Gründerin des »Center for Intersectional Justice«. Ich kannte sie bis dato nicht. Ihr Buch »Why We Matter« war ein großer Erfolg. Wegen der sehr positiven Rezensionen, auch von Journalist*innen und Medien meines Vertrauens, sagte ich zu. Vieles, gar das meiste, was Emilia

Roig in ihrem Buch schreibt, teile ich – zum Beispiel ihren Blick auf Rassismus und wie er mit anderen Diskriminierungen zusammenhängt. Im Kapitel »Erinnerungspolitik« leitet sie den Antisemitismus in Deutschland her – sie zitiert Immanuel Kant, der von den Juden als Vampire der Gesellschaft gesprochen und ihre Vernichtung als moralische Pflicht gefordert hat. Doch der Rest dieses Kapitels hat mich schockiert. Darin schreibt Emilia Roig: »Auch wenn sich Deutschland mit seiner mörderischen Vergangenheit auseinandersetzt, ist es ein selektiver Prozess. Die Exzeptionalisierung der NS-Zeit und des Genozids ist insofern problematisch, als sie eine tiefe Auseinandersetzung mit Rassismus häufig verhindert, nicht nur in Deutschland, sondern in ganz Europa.« Damit argumentiert sie, Erinnerungskultur sei begrenzt und die Erinnerung an den Holocaust würde das Gedenken an andere Menschheitsverbrechen in so eklatanter Weise überlagern, dass diese förmlich untergingen. Sehr subtil argumentiert Emilia Roig, dass die Juden die Erinnerungskultur sozusagen monopolisiert hätten und andere Opfer dadurch weniger Aufmerksamkeit bekämen. Das impliziert: Es reicht, genug mit der Bevorzugung der Shoah als Top-Gedenken! Ich schreibe eine E-Mail an sie und an den Veranstalter und sage die Moderation ab.

Immer wieder begegnet mir von da an diese Haltung bei postkolonialen Denker*innen. Aram Ziai, Professor für Entwicklungspolitik und postkoloniale Studien an der Uni Kassel, schrieb in seinem Buch »Postkoloniale Politikwissenschaft«: »Auschwitz, Wannsee-Konferenz, Vernichtungskrieg im Osten, Nürnberger Rassegesetze – das alles sind Begriffe, die wir aus dem Geschichtsunterricht kennen. Aber dass auf der Berliner Afrika-Konferenz 1884 Bismarck und andere Europäer den ganzen Kontinent unter sich aufteilten – wer weiß das schon? Dass die deutschen Kolonien – als »Schutzgebiete« verharmlost – sechsmal größer waren als das Deutsche Reich? Dass es in ihnen – lange vor den Nazis – bereits Konzentrationslager gab, in denen Tausende (nahezu jeder Zweite!) durch Zwangsarbeit zu Tode geschunden wurden?«

Auch ich finde: Es ist ein Skandal, dass die deutschen Kolonialverbrechen nicht ausreichend aufgearbeitet wurden. Dass man darüber viel zu wenig in den Schulbüchern lesen kann. Aber braucht es wirklich den Vergleich, wie groß das jeweilige Gebiet war? Und will Aram Ziai ernsthaft die Bekanntheit von Auschwitz gegen die Bekanntheit der kolonialen Verbrechen der Deutschen in Afrika ausspielen? Ich glaube: Diese Haltung führt unweigerlich in eine Form der Opferkonkurrenz. Und für mich als Person, die sowohl mit Rassismus als auch mit Antisemitismus konfrontiert ist, wird es zunehmend unerträglich, dass die Relativierung von Antisemitismus und des Holocaust überhaupt einen Platz in der antirassistischen Szene einnimmt.

»Die Exzeptionalisierung des jüdischen Genozids kann mit einer künstlichen Trennung von Antisemitismus und Rassismus einhergehen. Denn obwohl der Antisemitismus spezifische Aspekte aufweist, sowohl historische als auch ideologische, ist er auch eine Form von Rassismus«, schreibt Emilia Roig in »Why We Matter«. Dass es im Antisemitismus eine verschwörungsideologische Dimension gibt, die sich bei Rassismus nicht findet, das Bild eines Feindes als eine globale, mächtige Verschwörung, die Leid in die Welt tragen möchte, wird hier ignoriert.

Rassismus markiert Differenz – um so die Marginalisierten auszubeuten. Antisemiten denken dagegen, sie treten nach oben, wehren sich gegen die mächtigen Juden, die im Geheimen die Fäden ziehen, klandestin, hinter den Kulissen.

So wie Emilia Roig sehen viele postkoloniale Denker*innen die Trennung zwischen Rassismus und Antisemitismus als künstlich, sprechen von einer »Exzeptionalisierung« des Holocaust und stellen dessen Beispiellosigkeit in Frage. Die Beispiellosigkeit erschöpft sich nicht in der Quantität des Massenmordes, sondern begründet sich vor allem darin, dass es sich bei Antisemitismus eben nicht um eine »gewöhnliche« Unterdrückungsideologie handelt. Der Antisemitismus ist immer auch mit einem wahnhaften Erlösungsglauben verbunden – und dadurch immer auch mit einem absoluten Vernichtungsgedanken.

Der renommierte israelische Historiker Yehuda Bauer sieht den Holocaust als ein Verbrechen, das die internationale Gemeinschaft betraf, und hält es für notwendig, ihn mit anderen Verbrechen zu vergleichen. »Aber, wenn man ihn vergleicht, stellt man nicht nur Ähnlichkeiten fest, sondern auch sehr radikale Unterschiede«, sagt mir die sechsundneunzigjährige Koryphäe in einem Zoom-Gespräch. Er spricht nicht vom Holocaust als singulär, denn er könne sich jederzeit wiederholen. Er sei aber präzedenzlos, »weil er Elemente hat, die niemals zuvor stattgefunden haben. Die Judenverfolgung war antipragmatisch. Alle anderen Genozide waren pragmatisch: wirtschaftlich, politisch, militärisch usw. Der Holocaust war aber rein ideologisch«, so Bauer.

### *Jüdische Perspektiven: Die Leerstelle im intersektionalen Diskurs?*

Chicago, Sommer 2017: der Women's Dyke March. Frauen und Queers demonstrieren für mehr Sichtbarkeit und Rechte von Lesben und der LGBTIQ+-Community. Drei jüdische

Aktivistinnen werden aus den Protesten ausgeschlossen, weil ihre Regenbogenfahne mit einem Davidstern versehen ist. Die Organisatorinnen argumentierten, der Davidstern sei das Symbol des Zionismus. Und der Zionismus wiederum sei die Ideologie des israelischen Unterdrückerstaates. Daher habe der Davidstern keinen Platz auf diesem Marsch. Er würde andere Teilnehmer*innen abschrecken. Laurie Grauer, eine der gemobbten Frauen, sagt einem Fernsehsender: »Sofort sind Leute auf uns zugekommen, Organisator*innen und andere Teilnehmer*innen. Sie schauten nur auf unsere Fahne und sagten: Ihr könnt diese Fahne hier nicht tragen, Leute fühlen sich angegriffen. Das ist ein Zeichen von Unterdrückung und Kolonialismus. Wegen eines Symbols, das wir trugen, wurden wir ausgeschlossen. Wir fragten uns, protestieren wir für alle oder nur für manche?« Eleanor Shoshany Anderson, auch unter den drei Ausgeschlossen, gibt kurz darauf der *Jungle World* ein Interview und ist empört, wenn auch nicht ganz überrascht: »In diesem Ausmaß habe ich so etwas noch nie erlebt. Beiläufigen Antisemitismus habe ich allerdings in der Linken schon erlebt, speziell in der queeren Linken. (…) Manchmal fühlt es sich so an, als lasse diese Intersektionalität keinen Platz für Juden. Nach der Präsidentschaftswahl war es in der Linken sehr beliebt zu sagen, dass man jetzt für Schwarze, Muslime, Latinos, Frauen, Behinderte, Schwule einstehen würde. Das ist eine großartige Botschaft. Doch während ich das über 100 Mal gehört habe, wurden nur zweimal Juden und Jüdinnen in diese Statements eingeschlossen – und in einem Fall forderte der Sprecher direkt danach die Auflösung Israels.«

Dass sich die jüdischen Aktivistinnen lediglich zu dem bekennen wollten, was sie sind, nämlich jüdisch-lesbische Personen, das zählte offenbar nicht. Kein Zufall. Auch beim

Women's March on Washington sprach die Einladungsliste für sich.

> »We must create a society in which all women including black women, indigenous women, poor women, immigrant women, disabled women, muslim women, lesbian, queer and trans women are free.«

Im offiziellen Statement vom Women's March on Washington sind Schwarze Frauen, Muslimas, Lesben, Transfrauen erwähnt: alle sind sie erwünscht, nur von Jüdinnen ist nicht die Rede.

In den letzten Jahren ist Feminist*innen immer bewusster geworden, dass es nicht nur um den Kampf für Frauenrechte geht, dass Frauen ganz unterschiedliche Erfahrungen machen und die Intersektionen unterschiedlichster Diskriminierungsformen ernst zu nehmen sind. Es wurde immer klarer, dass die weiße, bürgerliche Frauenbewegung lange die Interessen, Perspektiven und Probleme von Schwarzen Frauen, Arbeiterinnen, Transfrauen und vielen mehr ausgeblendet und zum Teil auch selbst zu deren Unterdrückung beigetragen hat. Intersektionalität ist einer der wichtigsten und einflussreichsten Diskurse und Denkrichtungen der Gegenwart. Vor allem in den USA entzünden sich daran immer wieder Kulturkämpfe. Intersektionalität hat ihren Ursprung in der Bürgerrechtsbewegung und im Black Feminism. Der Begriff greift zurück auf das englische Wort »Intersection«, was als Kreuzung oder Schnittpunkt übersetzt werden kann. Sie nimmt die Multidimensionalität von Ausgrenzung, Unterdrückung und Diskriminierung in den Blick und untersucht, wo sich diese Phänomene treffen, wo die Überschneidungen von Rassismus, Sexismus und Klassismus stattfinden. In der politischen Praxis der Intersektionalität verbünden sich verschiedene Gruppen mit Partikularinteressen, um gegen einen konstruierten universalen Machtbesitzer – den heterosexuellen weißen Mann – gemeinsam vorzugehen. Dabei steht natürlich außer Frage, dass es tatsächlich eine strukturelle Bevorzugung von Menschen gibt, die eben in gewisser Art und Weise gelesen werden. Wer allerdings als Bündnispartner aufseiten der Marginalisierten oft fehlt: die jüdischen Stimmen. Auch bei Angela Davis, Ikone des Civil Rights Movements:

> »Yes, Black Lives Matter, Latino / Asian American / Native American / Muslim / Poor and Working Class White's people Lives Matter. There are many more specific instances we would have to name before we can ethically and comfortably claim that All Lives Matter.«

Welche Leben nicht so mattern, das scheinen die Jüdischen zu sein. Es sei denn, Angela Davis subsumiert Jüdinnen unter »Working Class White People«, der Weißen Arbeiterklasse. Viel wahrscheinlicher aber ist, dass Davis Jüdinnen und Juden unter All Lives subsumiert, also uns mehr oder weniger zu den Unterdrücker*innen zählt. Ich besuche die Psychologin und Dramaturgin am Berliner Maxim Gorki Theater, Rebecca Ajnwojner, in ihrer Berliner Wohnung. Sie befasst sich in ihrer Doktorarbeit unter anderem mit dem Thema Intersektionalität. Für Rebecca besteht ein Zusammenhang zwischen der Entstehung des Begriffs Intersektionalität und dem weitgehenden Ausschluss jüdischer Diskriminierungserfahrungen aus diesen Diskursen. »Intersekionalität ist geprägt worden durch Kimberlé Crenshaw, die versucht hat im amerikanischem Rechtssystem die spezifische Diskriminierung von Schwarzen Frauen zu beschreiben, und dabei ging es auch um die Spezifik ihrer Schutzlosigkeit vor dem Recht, wo die Kategorie Antisemitismus keine Rolle gespielt hat. Was hinzugekommen ist, waren natürlich auch antisemitische Tendenzen und der Versuch der Unsichtbarmachung jüdischer Erfahrungen, der Versuch, sie aus einer linken, antifaschistischen, feministischen Geschichte herauszuschreiben.« Rebecca Ajnwojner findet, dass es vielen schwerfällt, die Spezifität von jüdischen Erfahrungen an dieser Schnittstelle zu beschreiben, und das, obwohl die jüdischen Perspektiven und Erfahrungen historisch gesehen immer sehr divers und heterogen gewesen sind.

Häufig wird in intersektionalen Diskursen Zionismus gleichgesetzt mit White Supremacy, also Weißer Vorherrschaft. Und nicht damit, dass verfolgte Jüdinnen und Juden sich 2000 Jahre lang ihre Rückkehr nach Zion erhofft haben. Der Völkerbund hat bereits nach dem Ersten Weltkrieg eine feste Zusage für einen jüdischen Staat verbrieft und mit der historischen Verbundenheit der Jüdinnen und Juden mit dem Gebiet des »Heiligen Landes« begründet. 1947 haben die Vereinten Nationen dieses Versprechen dann unterstrichen, nach dem Holocaust war die Dringlichkeit eines israelischen Staates nicht nur für die überlebenden Jüdinnen und Juden offensichtlich. Der UN-Plan sah eine Zweistaatenlösung vor, was von den angrenzenden arabischen Staaten mit Gewalt und Krieg beantwortet wurde.

Die Annahme, Palästinenser*innen seien per se People of Colour, während jüdische Israelis per se Weiße seien, schwingt in den Diskursen vor allem in letzter Zeit immer mit. Dabei stammt die Hälfte aller jüdischen Israelis aus orientalischen Ländern und aus Äthiopien. Karin Stögner ist Professorin an der Uni Passau und forscht unter anderem zum Antisemitismus in der Intersektionalität. Sie warnt davor: Wenn man Jüdischsein aus strategischen Gründen mit Weißsein gleichgesetzt, werde das massive Konsequenzen haben. Sowohl auf das erneute Erstarken des globalen Antisemitismus als auch auf die historische Einordnung des Genozids. Denn unter Jüdinnen und Juden finden sich die sogenannten Weißen genauso wie People of Colour. Das heißt, der Antisemitismus orientiert sich nicht an der Hautfarbe, wie die meisten Rassismen. Die Hautfarbe und all das, was mit »Weißsein« an Privilegien verbunden wird, nehmen hier tatsächlich eine untergeordnete Rolle ein. In der Geschichte des Antisemitismus wurden Jüdinnen und Juden mal mit dunkler, mal mit heller Haut gezeichnet. Analytisch ist Weißsein deshalb keine geeignete Kategorie, um die Lage von Jüdinnen und Juden, ihre Diskriminierung und ihre Folgen zu erfassen. »Wenn Jüdischsein und Weißsein verschmelzen, wie es häufig der Fall ist, dann kippt ein an sich kritischer Blick auf die weiße Mehrheitsgesellschaft in eine Bestätigung antisemitischer Vorurteile. Es werden dann nicht mehr unbenannte und unhinterfragte Machtstrukturen offengelegt, in denen Weiße Menschen tendenziell mehr Ressourcen, bessere Möglichkeiten, mehr Einfluss und mehr Sicherheit haben. Auf Jüdinnen und Juden angewandt, werden altbekannte antisemitische Stereotypen von einer angeblichen jüdischen Übermacht bestätigt«, sagt mir Karin Stögner in einem Interview – also die Vorstellung, Jüdinnen und Juden würden die Medien, internationale Politik und globale Ökonomie kontrollieren. Hier erscheinen sie dann als die »Superweißen«, und somit werde der globale Antisemitismus aus den antirassistischen, intersektionalen Analysen und Praktiken ausgeklammert.

Die Vorstellung, Juden und Jüdinnen seien nicht in vielen Ländern dieser Erde diskriminiert, sondern Teil einer unterdrückerischen White Supremacy, implodierte in dem Hashtag »Jewish Privilege«. Der Hashtag wurde ursprünglich von Rechtsextremen gestartet, aber jüdische Twitter-User*innen kaperten ihn und posteten ihre Erfahrungen mit Antisemitismus darunter:

> »#JewishPrivilege ist, wenn deine Großeltern gewaltsam und nur mit der Kleidung am Körper aus dem Irak und aus Tunesien vertrieben wurden, weil sie Juden waren. Mit weiteren 850 000 orientalischen und nordafrikanischen Juden kamen sie in Israel an mit nichts in der Hand, sie sprachen nur arabisch und lebten mehrere Jahre in einem Zelt.«
>
> »#JewishPrivilege ist es, wenn das öffentliche Tragen deiner Davidsternkette als mutig & widerstandsfähig empfunden wird. Und du dann als dreckige Judenhure beleidigt wirst.«

Jewish Privilege und White Supremacy – mit solchen Konzepten die heutigen Diskriminierungserfahrungen vieler Jüdinnen und Juden weltweit zu ignorieren, ist schon problematisch genug. Vollends schwierig wird es, wenn Vertreter*innen postkolonialer Studien die folgende Rechnung aufmachen.

Weil Hitler klar war, dass Weiße zu töten eigentlich ein No-Go ist, habe er den Juden den Davidstern angeheftet – damit sie nicht mehr als Weiß gelesen werden. In ihrem Buch »Why We Matter« zitiert Emilia Roig dazu den Schriftsteller und postkolonialen Denker Aimé Césaire. »Was wir Hitler nicht verzeihen, ist nicht das Verbrechen an sich, das Verbrechen gegen den Menschen, sondern das Verbrechen gegen den weißen Menschen. Und dass er, Hitler, kolonialistische

Methoden auf Europa angewendet hat, denen bislang nur die Araber Algeriens, die Kulis Indiens und die ›N-Wort‹ Afrikas ausgesetzt waren.« Emilia Roig schließt ihre Argumentationslinie mit einem Zitat aus einem Song der französischen Reggae-Band *Sinsemilia:* »Bestimmt die Hautfarbe der Opfer den Wert eines Genozids?«

Die Farbenlogik ist doppelt verdreht. Die krude Theorie dient dazu, das als nervig empfundene Gedenken an die Shoah nun selbst rassistisch zu lesen, weil die Empathie vermeintlich nur Weißen gilt.

### *Warum der Zion-Train vor allem in der Linken aufs Abstellgleis führt*

Auch in Deutschland wird der Wind rauer für Jüdinnen und Juden – sogar in sich als intersektional verstehenden Kreisen. Und in der Kunst- und Kulturszene. Wer jüdisch ist, wird die Erfahrung gemacht haben: Permanent müssen wir uns zur Politik des Staates Israel positionieren! Am besten sehr kritisch, dieses und jenes haben wir zu kommentieren, fast schon zu apportieren, dass wir einwandfrei antizionistisch sind. Ich erfahre das ständig, obwohl ich deutsche und iranische Staatsbürgerin bin und noch nie in Israel gelebt habe. Auch der Künstler Leon Kahane kennt diesen Druck. Er hat schon immer politische Themen in seiner künstlerischen Arbeit verhandelt und Projekte gegen Rassismus aufgesetzt. Und er spürt, dass er in manchen Kreisen nicht willkommen ist. »Wenn ich sagen würde, ich bin antizionistisch, dann hätte ich sicherlich leichtere Karten, bin ich aber nicht. Was nicht heißt, dass ich nicht einen sehr differenzierten Blick habe auf Israel.« Leon ist ein Freund und wir arbeiten manchmal zusammen. Ich weiß, dass er sich schon sehr lange mit dem Thema beschäftigt und gut auskennt. Er hat in Israel lange als Pressefotograf gearbeitet und war oft in den besetzten Gebieten. »Ich versuche, dem Thema möglichst unideologisch gegenüberzustehen, aber ich glaube, dass es nicht wirklich von Interesse ist, was ich dazu zu sagen habe. Sondern es geht wirklich – und das ist ein bisschen ein Symptom unserer Zeit und der sozialen Medien – um einfache Selbstbekenntnisse, und eine der einfachsten, klarsten und deutlichsten Chiffren in der ganzen Kunst- und Kulturlandschaft ist die Frage: Zionist oder Antizionist?« So Leon Kahane.

Zionismus ist ganz offensichtlich ein Buzzword, das alleine schon für Aufruhr sorgt. Dabei beschreibt es nichts anderes als das Streben von Jüdinnen und Juden nach einem eigenen Staat. Anders ausgedrückt: Der Zionismus war die Sehnsucht nach Selbstbestimmung, das Versprechen auf Freiheit. Freiheit von der ewig erscheinenden Unterdrückung, Diskriminierung und Ermordung der Juden. Mit der Gründung des Staates Israel im Jahr 1948 erreichte der Zionismus sein Ziel. Ich spreche darüber mit der Antisemitismusforscherin Karin Stögner. Sie sagt, die Geschichte und die Legitimierung des Staates Israel durch die Vereinten Nationen werde einfach mehr oder weniger dreist ausgeblendet. »Heutige Formen des Antisemitismus beziehen sich häufig auf den Staat Israel, der als imperialistisch und rassistisch gebrandmarkt wird und als künstlicher, illegitimer Staat, der eigentlich den Palästinenserinnen und Palästinensern gehören würde.«

Patrisse Cullors ist eine der Gründungsfiguren von Black Lives Matter. In ihrem extrem wichtigen Buch »#Blacklivesmatter. Eine Geschichte vom Überleben« schreibt sie sehr eindringlich von ihrer Kindheit in Los Angeles, die von Armut und Polizeigewalt geprägt war. Ihre alleinerziehende

Mutter hielt die Familie mit drei Jobs gleichzeitig über Wasser. Natürlich ist das schwierige Überleben in einer der Vorstadthöllen L. A.s eine Spätfolge von strukturellem Rassismus und Sklaverei. Dafür verantwortlich: der weiße Mann. Nun ist bei Patrisse Cullors aber noch ein weiteres Feindbild dazugekommen. Israel: »Palästina ist das Südafrika unserer Generation. (…) wenn wir nicht mutig und couragiert aufstehen und das imperialistische Projekt namens Israel beenden, dann sind wir verloren!« Woher Cullors' Projektion und Wut auf Israel genau kommen, kann man nur vermuten. Was aber immer klarer wird: Patrisse Cullors ist damit nicht allein. Große Teile der »woken« amerikanischen Linken – und wir müssen dazu sagen: der einflussreichen amerikanischen Linken – nutzen Israel als neues Feindbild. Und machen damit Politik – wie Alexandria Ocasio-Cortez, die fast schon Ikone der linken Demokrat*innen ist. In einem Video, das während des Krieges zwischen Israel und der Hamas im Mai 2021 veröffentlicht wurde, sagt sie:

> »Die USA müssen sich endlich wieder zu ihrer Rolle bekennen und die Ungerechtigkeit und die Menschenrechtsverletzungen gegen Palästinenser anerkennen. Ich glaube, es war eine schwierige Woche für unsere Weltgemeinschaft. Für uns, die wir uns für Menschenrechte einsetzen.«

AOC hält am Anfang ihrer Rede kurz inne, holt Luft, spielt nervös an ihren Ringen und erzählt eine Geschichte aus ihrer Kindheit, damit ja alle Zuhörer*innen, Latin, Black – alle – nachfühlen können, wie sich die Bombardierung durch die Israelis anfühlen kann.

»Meine Familie kommt aus Puerto Rico. (...) als ich aufgewachsen bin, habe ich sie dort immer besucht, auf der kleinen Insel Vieques. Die USA haben dort auf ihr eigenes Territorium gebombt, ihre eigene Bevölkerung. Zu Übungszwecken. Als ich als kleines Mädchen dort zu Bett ging, passierte das zum Sound detonierender Bomben. Es gibt hier keine zwei Seiten. Hier geht es um ein ungleiches Kräfteverhältnis. Und manchmal wundert es mich doch sehr, warum wir uns nicht einzuschreiten trauen, gegen die Inhaftierung palästinensischer Kinder. Vielleicht, weil wir dann auch gegen die Inhaftierung von Kindern an unserer Grenze einschreiten müssten? Weil wir dann gegen die Ungerechtigkeiten hier vorgehen müssten, wenn wir es dort tun? Wir müssen uns die Frage stellen, warum wir im UN-Sicherheitsrat unser Vetorecht nutzen, nur um Stimmen zu verhindern, die diese Gewalt anprangern. Der Präsident und viele andere haben diese Woche betont, dass Israel das Recht habe, sich selbst zu verteidigen. Das ist ein Gefühl, dass wie ein Dauerecho durch unsere Körper zieht.«

Erneut pausiert AOC und führt fort: »Aber haben denn nicht auch die Palästinenser ein Recht auf Über-Leben? Glauben wir daran? UND wenn wir das tun, dann haben wir auch eine Verantwortung dafür!«

Man muss sich diese mit dramatischen Pausen gespickte Rede schon mehrmals anschauen, um all die Nuancen zu verstehen: Alexandria Ocasio-Cortez, das prominenteste Gesicht der jungen, linken und woken Demokrat*innen, fordert von ihrem Präsidenten, er solle aufhören, immer beide Seiten zu sehen. Und aufhören, das Vetorecht für Israel zu missbrauchen. Das Existenzrecht Israels, es dröhnt in AOCs Ohren.

Und in der Mitte ihrer Rede der überraschende politische Move: Sie erklärt den Kampf der Palästinenser*innen und der radikalislamistischen Hamas nicht nur für notwendig, sie holt ihn auch nach Amerika – und setzt damit ihren Präsidenten Joe Biden und Parteigenoss*innen weiter mächtig unter Druck. »Wenn wir nicht sehen, dass die Palästinenser*innen hier gegen Unterdrückung kämpfen«, insinuiert sie, dann verschließen wir auch die Augen vor dem Civil Rights Movement und die Lage der Latinas und Latinos ist uns auch wurscht. Dieser Kurzschluss ist erstens heuchlerisch, weil er die Gräuel, das Radikale und Patriarchale, den Terror der Hamas ausblendet. Und zweitens brandgefährlich für Joe Biden und für Israel. Denn Israel ist auf die Unterstützung Bidens angewiesen. Und Biden auf die Unterstützung seiner Partei, die sich in Teilen immer einseitiger und unverhohlener propalästinensisch äußert. Für die Forscherin Karin Stögner ist diese Haltung klar antisemitisch. »Gänzlich ausgeblendet wird dabei, dass der Staat Israel auch eine Reaktion auf die Shoah und die Erfahrung ist, dass die Welt nichts gegen die Ermordung von Millionen von Jüdinnen und Juden unternommen hat. Manche postnationalen und antinationalen Formen des Antisemitismus leugnen also schlichtweg, dass Jüdinnen und Juden eine verfolgte Minderheit sind.«

Bei den propalästinensischen Demonstrationen und Social-Media-Posts ist mir auch aufgefallen, dass jüdische Kronzeugen herangezogen werden, um die eigene Gegnerschaft gegenüber Israel zu untermauern. Besonders verstörend ist dabei die Verwendung von Kronzeugen, die zur Minderheit der jüdisch-ultraorthodoxen Gruppe Neturei Karta gehören. Sie lehnen den Staat Israel aus religiösen Motiven ab und kooperieren dabei auch mit Holocaustleugnern wie Irans Ex-Präsidenten Mahmoud Ahmadinejad. Sie machen schätzungsweise nur 0,03 Prozent der Jüdinnen und Juden weltweit aus. Jenseits ihrer Feindschaft zu Israel teilen sie keinerlei Werte mit feministisch-intersektionalen Kreisen: Sie sind hochgradig frauen- und homofeindlich und lehnen auch sonst jegliche progressiven Ideen radikal ab. Warum fällt es intersektionalen Aktivist*innen gerade dann leicht, die eigenen Grundwerte über Bord zu werfen, wenn es um Jüdinnen und Juden und den Staat Israel geht? Handelt es sich um Naivität, Unwissen oder vielleicht doch um Antisemitismus? Karin Stögner sagt, es sei ein bisschen von allem dabei. Denn was Antisemitismus für Teile der Linken und intersektionale Feminist*innen so attraktiv mache, ist, dass er als oppositionell und widerständig erscheinen kann, weil er sich vorgeblich gegen die Unterdrücker von People of Colour richte. Er biete eine simple Erklärung für Unterdrückung angesichts weniger greifbarer globaler Herrschaftsverhältnisse.

Ich spreche mit dem Künstler Leon Kahane über die Transformationsstadien des Antisemitismus. Er gründete 2018 das Forum für demokratische Kultur und zeitgenössische Kunst in Berlin, um antisemitische und rassistische Verbindungslinien und Diskurstraditionen aufzuzeigen. Und um für eine offene und tolerante Gesellschaft zu werben. Wir sprechen darüber, dass Jüdinnen und Juden immer, wenn es um Machtfragen geht, ganz schnell zu den Übermächtigen werden. »So passiert es auch, dass in Deutschland, aber auch international die postkoloniale Aufklärungsarbeit schicksalhaft gebunden wird an die Frage nach Israel und dessen Existenz. Nach dem Motto: So lange der Staat Israel als jüdischer Staat existiert, kann man nicht glaubhaft den Kolonialismus aufarbeiten. Das ist natürlich lächerlich, denn wenn jemand den Kolonialismus aufarbeiten muss, dann sind das die Deutschen, die Täter. Das hat mit Jüdinnen und Juden und Israel relativ wenig zu tun.«

Der Staat Israel und das Gedenken an die Shoah als Verhinderer postkolonialer Diskurse: Der Deutsche Bundestag hat im Mai 2019 eine Resolution gegen BDS verabschiedet, also gegen die antiisraelische Boykottbewegung. Darin wurde BDS im Kern als antisemitisch charakterisiert, die öffentliche Finanzierung von BDS-nahen Organisationen, Personen und Veranstaltungen sollte damit unterbunden werden. Dagegen regte sich Protest. 35 Organisationen, darunter das Humboldt Forum, haben sich unter dem Namen »Initiative GG 5.3 Weltoffenheit« zusammengeschlossen. Sie kritisieren die Resolution, weil angeblich die als zu pauschal empfundene Verwendung des Antisemitismusvorwurfs die Aufarbeitung anderer Gewalterfahrungen verhindere. »Die historische Verantwortung Deutschlands darf nicht dazu führen, andere historische Erfahrungen von Gewalt und Unterdrückung moralisch oder politisch pauschal zu delegitimieren. Konfrontation und Auseinandersetzung damit müssen gerade in öffentlich geförderten Kultur- und Diskursräumen möglich sein. Vor diesem Hintergrund bereitet uns auch die Anwendung der BDS-Resolution des Bundestages große Sorge. Unter Berufung auf diese Resolution werden durch missbräuchliche Verwendungen des Antisemitismusvorwurfs wichtige Stimmen beiseitegedrängt und kritische Positionen verzerrt dargestellt.«

Samuel Salzborn arbeitet als Antisemitismus-Beauftragter des Landes Berlin. Er ist der Meinung, dass die Initiative GG 5.3 Weltoffenheit das eigentliche Problem verneble oder verharmlose: einen ansteigenden antisemitischen Konsens in unserer Gesellschaft. Salzborn sagt mir in einem Interview: »Ich kann das, was diese Initiative in den Mittelpunkt rückt, überhaupt nicht sehen. Die Meinungsfreiheit in Deutschland ist in keiner Weise eingeschränkt. Im Gegenteil: Wir erleben eine breite Thematisierung von antisemitischen Positionen. Ich hätte mir sehr gewünscht, dass aus diesem Kreis, gerade dem kulturell engagierten, starke Stimmen laut werden, die sich gegen jede Form von Antisemitismus wenden. Was leider fast nie der Fall ist.«

### *Warum wir viele sein und bleiben wollen*

Opferkonkurrenz, Zionismus, Israel und das Gedenken an den Holocaust als Blockade, mit der die Aufarbeitung kolonialer Verbrechen verhindert wird. Dazu der immer wieder stattfindende Ausschluss von Jüdinnen und Juden, ihrer Perspektiven und Bedürfnisse aus intersektionalen Diskursen. Angesichts des Antisemitismus in der Linken fragt man sich, ob das wirklich die sich als progressiv und weltoffen verstehende Community ist, die wir sein wollen? Und ist es dann überhaupt möglich, Rassismus und Antisemitismus gleichzeitig oder neben- und nacheinander zu bekämpfen? Gibt es Modelle und Vorbilder, die beide Phänomene in den Blick nehmen und gegen beide Diskriminierungsformen vorgehen?

Ich besuche Anetta Kahane in Berlin. Sie hat die Amadeo Antonio Stiftung gegründet, bis vor kurzem geleitet und sich 25 Jahre lang mit der Stiftung gegen Rassismus und Antisemitismus stark gemacht. Sie sagt, man könne gegen mehrere Diskriminierungsformen kämpfen, wenn auch nicht ganz reibungslos: »Man macht sich das ein wenig leicht zu sagen, klar, die gemeinsamen Gegner sind die Nazis. Das ist das einfachste. Aber Antisemitismus kommt nicht nur von den

Nazis, und sobald es diese Sphäre verlässt, bröckelt auch die Solidarität gegen Antisemitismus. Wer sich gegen Rechtsextremismus, Rassismus und Antisemitismus engagiert, läuft auf einem Konfliktfeld, wenn er die anderen nicht aus den Augen verlieren will. Deswegen haben wir in der Stiftung versucht, in einer vielfältigen Gesellschaft auch darauf zu achten, dass Antisemitismus nicht unter den Tisch fällt.«

Ehrlich gesagt habe ich mich nach all den Enttäuschungen, Schmerzen, Traumata, Recherchen und Gesprächen gefragt, ob wir als Jüdinnen und Juden überhaupt noch an dem Konzept von Intersektionalität festhalten können. Das habe ich auch die Psychologin und Dramaturgin Rebecca Ajnwojner gefragt. Rebecca ist der Meinung, dass jüdische Stimmen wieder stärker in den Diskurs inkludiert werden müssten. Das sei eine Chance für den aktuellen intersektionalen Diskurs. »Ich glaube, die Theoretisierung von Antisemitismus, die ja noch aussteht, ist die größte Chance, um diesen Intersektionalitätsdiskurs weiterzutragen und weiterzuentwickeln. Weil, das ist ein Punkt, wo wir uns noch nicht einig sind, und ein Punkt, wo wir diese Verschränkung suchen müssen und so die Gesamtzusammenhänge besser verstehen würden.«

Auch die Professorin für Antisemitismus-Forschung, Karin Stögner, sieht Potenzial in der Intersektionalität, vorausgesetzt, auch dort werden jüdische Stimmen und jüdische Perspektiven gehört. Denn gerade der Antisemitismus sei doch ein Paradebeispiel intersektionaler Diskriminierung. »In den letzten Jahren ist eine zunehmende identitätspolitische Fundierung von Intersektionalität zu beobachten, so dass Diskriminierungen in erster Linie als Unterdrückung einer Gruppe durch eine andere gesehen werden, was wiederum häufig zu Hierarchien von Viktimisierung führt. Demgegenüber werden die objektiven Durchdringungsverhältnisse unterschiedlicher Diskriminierungsformen in den Blick gerückt. Es wäre also zu untersuchen, wie der Antisemitismus auch rassistisch, sexistisch oder nationalistisch operiert. Das ist ja gerade das Spezifische am Antisemitismus, dass er sich so elastisch und flexibel mit anderen Ideologien vermischt und Momente von anderen Ideologien in sich aufnimmt.«

Antisemitismus ist ein Paradebeispiel, sagt Professorin Stögner, in dem mehrere Diskriminierungen ineinandergreifen. Umso unsinniger ist es, die jüdische Perspektive und Diskriminierungserfahrung aus dem intersektionalen Diskurs auszuschließen. Wenn sich die Opfer gegenseitig bekämpfen und miteinander konkurrieren, dann hilft das letzten Endes nur den Leuten, die ohnehin kein Interesse an der Aufarbeitung kolonialer und antisemitischer Verbrechen haben. Menschen, die einen fairen Wandel in der Gesellschaft und eine gerechtere Verteilung von Macht und Machtstrukturen verhindern wollen. Wir müssen auch hier also dranbleiben, die Diskurse weiter prägen, damit sie eine Legitimation in der Gegenwart haben. Wir müssen ständig auf die ideologischen Überschneidungen hinweisen und den aktuellen Trend zu Fragmentierung, Entsolidarisierung und Partikularismus überwinden. Wir brauchen neue Perspektiven, die daran glauben, dass der Kampf gegen Rassismus und der Kampf gegen Antisemitismus keine Gegensätze sind, sondern Hand in Hand funktionieren können. Um das zu erreichen, dürfen wir aber erst mal nicht müde werden, den latenten, aber auch den offenen Antisemitismus in manchen intersektionalen Zusammenhängen zu adressieren und zu kritisieren.

# BAUSTELLEN

# SÄKULARE UTOPIEN

## Ein imaginäres Gespräch mit mir selbst

*Debora Antmann*

Dieser Text ist ein inneres Gespräch über die Notwendigkeit säkularer jüdischer Strukturen und das Problem der zentralisierten, religiös und orthodox geprägten Institutionen in Deutschland. Es sprechen meine innere Idealistin, meine innere Realistin, meine innere Expertin und, weil sie natürlich niemals fehlen darf: meine innere Skeptikerin. Durch das Gespräch führt meine innere Moderatorin. Fangen wir direkt an!

**Meine innere Moderatorin:** Warum war es dir wichtig, dieses komplexe Thema im Zwiegespräch mit dir selbst zu verhandeln?

**Meine innere Expertin:** Weißt du: Wir Jüd_innen[1] in Deutschland sind so an den Mangel gewöhnt, mit dem wir leben, dass es uns oft schwerfällt, uns vorzustellen, was es noch alles geben könnte, was wir brauchen, wie ein »Mehr« aussehen könnte. Deshalb erschien es mir wichtig, die Fragen und Prozesse sichtbar zu machen, die mit solchen Forderungen einhergehen. Und gleichzeitig glaube ich, dass im Zwiegespräch mit mir selbst viel deutlicher wird, wie komplex und sensibel das Thema ist und wie viel Moderationsleistung es braucht. Denn auf der einen Seite gibt es den berechtigten Wunsch und eigentlich ja auch die Notwendigkeit, die eigenen jüdischen Bedürfnisse ungeschönt in die Mitte der Debatte zu stellen. Und auf der anderen Seite sind wir mit der Verantwortung konfrontiert, unsere Worte mit Bedacht zu wählen, damit sie sich nicht gegen andere Jüd_innen instrumentalisieren lassen.

**Meine innere Skeptikerin:** Das waren ja bereits sehr viele Themen auf einmal. Du sprichst von Mangel, von Fragen und Prozessen, von Forderungen, Bedürfnissen und Instrumentalisierung. Du steigst quasi voll ein, aber fangen wir doch von vorne an: Was ist das für ein Mangel, von dem du sprichst? Das klingt ja sehr dramatisch! Und ist es nicht ein bisschen anmaßend, dass dir dieser Mangel bewusst zu sein scheint, während er deiner Aussage nach so vielen anderen nicht bewusst ist?

**Meine innere Expertin:** Siehst du! Deswegen ein Zwiegespräch mit mir selbst. Denn natürlich wäre es anmaßend zu behaupten, ich wäre die Einzige, die sich an den gesellschaftlichen Missständen für, aber auch unter Jüd_innen stört. Wenn dem so wäre, wäre die Situation schließlich ziemlich hoffnungslos, denn allein wäre ein Wandel nicht zu bewältigen. Ich bin also nicht die Einzige, aber in Deutschland ist es eine relativ junge Entwicklung, auf die ich mich beziehe. Wir haben hier eine sehr außergewöhnliche Situation, nämlich dass Judentum hierzulande synonym mit religiösem Judentum verwendet wird. Jüdische Community ist im Grunde gleichbedeutend mit Gemeinde. Die meisten jüdischen Institutionen sind dem Zentralrat der Juden in Deutschland zugeordnet oder strukturell mit ihm verbunden, inklusive der Gemeinden. Ob nun die Studierendenunion, die Zentralwohlfahrtsstelle, die Hochschule für Jüdische Studien, das Zentralarchiv zur Erforschung der Geschichte der Juden in Deutschland, die *Jüdische Allgemeine*, selbst Peer-Projekte wie *Meet a Jew.*[2] Der Zentralrat ist konservativ und orthodox und stellt die Vertretung des religiös organisierten Judentums dar. Das bedeutet, dass die einzige Infrastruktur, die es gibt, eine zentralisierte und religiös ausgerichtete Institution ist, die nach religiösen Gesetzen operiert. Und für die meisten Jüd_innen in diesem Land ist das nach 1945 immer die Ist-Situation in Deutschland gewesen.

**Meine innere Skeptikerin:** Und das ist ein Problem?

**Meine innere Realistin:** Durchaus. Zum Beispiel dürfen in der Jüdischen Studierendenunion nur Studierende wählen, die halachisch jüdisch sind.[3] Ein vermeintlich säkularer Ort wie die Hochschule wird also für Jüd_innen, die nach jüdischer Teilhabe streben, zu einem Ort, der nach religiösen Maßstäben in- und exkludiert. Das erscheint besonders absurd, wenn wir überlegen, wer denn die Jüd_innen in Deutschland sind. Fast 90 Prozent sind Jüd_innen der ehemaligen Sowjetunion, das bedeutet Jüd_innen, die aus einem jüdischen Kontext kommen, in dem es eine reichhaltige säkulare jüdische Kultur gab und sich die meisten Menschen keine Bohne für die Halacha interessiert haben, dafür aber jüdische säkulare Kultur pflegten und zelebrierten.[4]

**Meine innere Idealistin:** Jüd_innen haben das Recht auf Kultur, Community, Teilhabe, ohne dafür Religiosität performen zu müssen oder per se nach religiösen Idealen bewertet zu werden. Jüd_innen haben das Recht auf eine Vielfalt jüdischer Kultur, die nicht allein religiös definiert ist. Jüd_innen haben das Recht, in ihren komplexen Lebensrealitäten wahr- und ernst genommen zu werden. Und das bedeutet, dass sie auch das Recht haben, einen gleichberechtigten Platz für familiäres und kulturelles Judentum zu schaffen, statt Judentum nur nach religiösen Maßstäben zu verstehen und zu bewerten. Jüd_innen haben das Recht auf mehr Bilder von jüdischer Wirklichkeit, mehr Formen von jüdischer Repräsentanz, mehr Geschichten, mehr Möglichkeiten, mehr Jüdischkeit mit dem ganzen Facettenreichtum, den es beinhaltet. Sie haben das Recht auf mehr Anerkennung all dessen, was dieser Facettenreichtum auch historisch, kulturell, reell bedeuten kann, ohne dass uns das isoliert oder unsere Bedarfe individualisiert werden. Jüd_innen haben ein Recht auf Alltag, Selbstbestimmung, Auswahl. Auf Pluralität jenseits von Religiosität, auf eine dezentrale Förderung von Interessen, Bedarfen und Perspektiven und auf ein Ende der Normierung von jüdischer Kultur als religiöse Kultur und damit als »richtiges« Judentum.

**Meine innere Skeptikerin:** Sprich: Du findest also, der Zentralrat gehört abgeschafft?

**Meine innere Expertin:** Mir geht es nicht darum, den Zentralrat oder religiöses Judentum und nicht mal orthodoxes Judentum zu bashen. Ganz im Gegenteil: All das hat seine Berechtigung. Was ich allerdings abschaffen möchte, ist das Machtmonopol und die damit verbundene Deutungshoheit zentralisierter Institutionen oder die Idee, diese würden für alle Jüd_innen sprechen. Das stimmt trotz der Funktion des Zentralrats als Dachverband für die jüdischen Gemeinden in

Deutschland mit Sicherheit nicht mal für den religiösen Kontext. Aber für das säkulare Judentum, für säkulare Jüd_innen, die sich nicht in religiöser Performanz wiederfinden, ist der Zentralrat definitiv keine Vertretung, können doch nur Gemeindevertreter*innen wählen und gewählt werden.[5] Dem Judentum ist von jeher eine Pluralität inhärent. Das bedeutet, dass religiöses, konservatives, orthodoxes Judentum genauso dazugehört wie liberales, kulturelles, politisches, säkulares.[6] Das Problem ist jedoch, dass wir diese Pluralität in Deutschland nicht haben.[7] Wir haben viel orthodoxes, etwas konservatives und ein bisschen liberales Judentum, die alle zum religiösen Judentum zu zählen sind. Und das ist unsere gesamte Pluralität, und das wird uns auch als solche verkauft.

**Meine innere Idealistin:** Ich will gar nicht weniger von dem, wofür der Zentralrat steht, sondern einfach mehr von allem andern – was ganze Welten und Universen sind. Es geht mir nicht um Religionskritik, sondern darum, dass ich mich nicht mehr mit etwas zufriedengeben will, das eine Ecke des jüdischen Kosmos ist, nur um Teil meiner eigenen kulturellen Praxis sein zu können. Es geht mir darum, dass Menschen keine Religiosität mehr performen müssen, um eine Chance auf jüdische Teilhabe, Community und Kultur zu haben.

**Meine innere Skeptikerin:** Aber Debora, jetzt mal ehrlich, wo genau liegt denn das Problem? Entweder man geht in die Synagoge oder halt nicht. Und wenn nicht, kann man ja auch so mit seinen jüdischen Friends rumhängen. Was genau fehlt dir?

**Meine innere Expertin:** Da geht es denn schon los: Wer hat jüdische Freund*innen? Jüdische Realität in Deutschland bedeutet häufig entweder über die Gemeinde, also religiöse Infrastruktur, Teil einer Community zu sein oder in jüdischer Isolation zu leben. Und wenn man Glück hat, vielleicht durch Zufall irgendwann in seinem Leben ein, zwei andere Jüd_innen kennenzulernen. Selbst die jüdischen Schulen gehören entweder zu den Gemeinden oder zu Masorti oder Chabad, sind also alle religiös angebunden.[8] Auch die Schulen der Lauder Foundation oder die jüdische Schule in München, deren Träger die Israelitische Kultusgemeinde München und Oberbayern ist, fördern »in gleicher Weise Schreib-, Lese-, Sprach- und Glaubenskompetenz«[9] und machen so deutlich, dass Judentum hier als religiöse Praxis verstanden wird. Jegliche Infrastruktur in Deutschland ist religiös geprägt, und das hat zur Folge, dass Jüd_innen, die nicht Teil des religiösen Lebens sind, isoliert und ort- sowie communitylos bleiben. Und dann gibt es auch die Jüd_innen, die in diesen Strukturen aufgewachsen sind, sich darin aber nicht willkommen oder zu Hause fühlen, weil sie zum Beispiel queer sind, Rassismuserfahrungen machen oder einfach feststellen, dass eine religiöse Praxis nicht ihre ist. Für sie wird der Abschied von diesen religiös geprägten Strukturen zu einer schmerzhaften Ganz-oder-gar-nicht-Entscheidung. Jüdischkeit und Zugang zu jüdischer Kultur und Community sollten nicht an die Bedingung von Religiosität oder religiöser Zugehörigkeit geknüpft sein. Zumal wir damit gleichzeitig ganze jüdische Kulturen ignorieren.

**Meine innere Moderatorin:** Du hast am Anfang gesagt, es gebe kein Bewusstsein dafür. Warum ist das so?

**Meine innere Realistin:** Wir leben im logistischen Zentrum der systematischen Vernichtung von Jüd_innen. Wir leben in einer Gesellschaft, in der nicht nur Jüd_innen ermordet und vertrieben wurden, sondern mit ihnen jüdische Kultur und Normalität. Hier war im Grunde kulturell nichts Jüdisches mehr übrig, auf dem sich etwas hätte aufbauen lassen. Und das, was daraufhin geschaffen wurde, wurde nach der Vorstellung der Deutschen geschaffen, und die war: Judentum ist eine Religion. Es wurde und wird also ausschließlich der Wiederaufbau der Gemeinden angestrebt, und bis heute scheint es, als wäre dies der einzige Ort, an dem »jüdische Wiederansiedlung« in Deutschland stattfinden soll. Sogenannte jüdische »Kontingentflüchtlinge« sollen laut Auswärtigem Amt »das jüdische Leben in der Bundesrepublik Deutschland stärken«, faktisch bedeutet das, dass diese Jüd_innen nachweisen müssen, dass eine jüdische Gemeinde sie aufnimmt, bevor die Bundesrepublik sie aufnimmt. Und natürlich entscheidet Deutschland ganz bewusst – in der Vergangenheit, wie in der Gegenwart –, für welche Form des jüdischen Wiederaufbaus es finanzielle Mittel ausgibt und wie bzw. wem diese zur Verfügung gestellt werden. Zudem wäre es auch gar nicht im Interesse der Deutschen, einzugestehen, wie viel Pluralität sie vernichtet haben. Eine Verengung auf Religiosität, obwohl das im absoluten Widerspruch dazu steht, wer ermordet wurde und wie die jüdische Bevölkerung in Deutschland in der Weimarer Republik aussah, vermindert die deutsche Schuld. Und ohne religiösen Akteur*innen unterstellen zu wollen, sie hätten die Situation ausgenutzt, hat dies zumindest dazu geführt, dass religiöses Judentum sich in Deutschland eine hegemoniale Position sichern konnte.

**Meine innere Expertin:** Überall sonst auf der Welt stellt sich die Frage gar nicht, ob es so etwas wie kulturelles, familiäres, säkulares oder politisches Judentum gibt. An manchen Orten der Welt gibt es nicht einmal Debatten dazu, weil es so selbstverständlich ist, weil man sich ja nur die Lebensrealität der Menschen anschauen muss. Deutschland ist das einzige Land, in dem es jahrzehntelang keine Debatte dazu gab, weil man einfach nach religiösem Judentum einen Punkt gesetzt hat und alles andere ignoriert, ausgeblendet, die Realität von einer Vielzahl jüdischer Menschen negiert hat. So eisern, dass Jüd_innen die Realität, die hier geschaffen wurde, als Tatsache hingenommen haben. Besonders jene, die in diese vermeintliche Normalität reingewachsen sind oder sich als sogenannte »Kontingentflüchtlinge« darin wiederfanden und strukturbedingt meist nicht unbedingt in der Position waren, diese deutsche Wirklichkeit zu hinterfragen.
Ich erlebe in meiner Arbeit oft, dass ich Jüd_innen frage: »Was ist Community für euch?« Und sie fangen an, mir all diese zentralisierten Institutionen aufzuzählen. Ohne Irritation, ohne darüber zu stolpern, ohne zu zögern. Das sind jene Jüd_innen, die in der Gemeinde-Normalität aufgewachsen sind. Die anderen erzählen mir, was sie sich wünschen würden – abstrakte Beschreibungen, auf der Gefühlsebene. Selten ein konkretes Bild von Community. Das sind dann die Jüd_innen, die eben nicht in den Gemeinden und meist in jüdischer Isolation aufgewachsen sind, die als Jüd_innen in der deutschen Dominanzgesellschaft die einsame Erfahrung gemacht haben, die einzigen in ihrem Umfeld, in ihrer Schule, in ihrem Dorf zu sein. Ihre Suche nach der richtigen Beschreibung ist so schwierig, weil gar nicht klar ist, wonach sie genau suchen, weil es kaum oder keine Beispiele gibt. Sie wissen nur, die Gemeinden sind es nicht.

**Meine innere Skeptikerin:** Aha. Und du hast das alles so klar? Du weißt, was du willst und brauchst und was alle anderen wollen und brauchen? Warum, glaubst du, hast du den Durchblick?

**Meine innere Idealistin:** Ich wünschte, es wäre so. Und gleichzeitig: Als queere Person, als Lesbe, als dicke Person ist meine Erfahrung: Community verstehen wir hier vor allem als das Leben AUSSERHALB der Institutionen. Als Krüppel geht es mir ähnlich. Oder zumindest bedeutet es, dass Community der Teil unserer Leben ist, der JENSEITS des institutionellen Rahmens und des institutionalisierten Programms stattfindet. Community sind die Menschen, mit denen wir Lebensrealitäten und Alltag teilen, egal ob privaten oder politischen Alltag. Und ganz besonders sind es eben nicht die zentralisierten Institutionen. Es sind die Partys, die Cafés, die politischen Räume, die Vereine, die Veranstaltungen und Anlaufstellen. Es sind die Wohnzimmer- und WG-Partys, die Bücher und Idols und Musik. Es ist alles, in dem wir frei wachsen können, das nicht durch Zentralisierung generalisiert und an Komplexität reduziert wird. Etwas, das wir geschaffen haben, in dem wir mitgestalten können. Es ist der Ort, an dem wir weniger Kompromisse machen, weniger diplomatisch sind. Nicht Schule, nicht Zentralrat, nicht Staat. Ich habe es in meiner Kolumne fürs *Missy Magazin* mal so erklärt: »Während jüdische Community eher einer Plattenbausiedlung gleicht, wo alles durchgeplant und funktional ist, auf den ersten Blick bis ins Letzte für den (normativen) Bedarf konstruiert, aber mit wenig Platz jenseits dieser stadtplanerischen Ambitionen, gleichen die meisten anderen Communities eher Altbauvierteln: organisch gewachsen, es mangelt hier und da an Dingen, vieles ist improvisiert, aber es gibt Raum, Platz für Wiederholung und Interpretation (kommt ins Erdgeschoss eine Kita oder ein Lebensmittelgeschäft, sechs Cafés – jedes für unterschiedliche Bedürfnisse).«[10]

**Meine innere Skeptikerin:** Jetzt hör mal auf, um den heißen Brei rumzureden, und sag uns doch mal ganz genau, was du möchtest!

**Meine innere Idealistin:** Orte, an denen wir zusammen lernen können. Lernen, was unsere säkularen jüdischen Wurzeln sind. Jüdische säkulare Denker*innen und Theoretiker*innen, Lyriker*innen, Musiker*innen, Kämpfer*innen, Wissenschaftler*innen, Aktivist*innen entdecken können. Eine Sprache und Konzepte, Bilder für uns schaffen können. Jüdische Bands, Konzerte, Freund*innenkreise, die ohne die Exklusivität von Machane-Bonding funktionieren.

**Meine innere Realistin:** Aber auch solche Sachen wie: Jiddisch als Teil eines jüdisch-politischen Konzeptes lernen und Klezmer zurückerobern, das wc-Deutsche so cringy gemacht haben, dass wir damit zum Teil gar nicht mehr assoziiert werden wollen, obwohl es für viele von uns Teil unserer Kultur ist. Oder Cafés, Bücherläden mit jüdisch-säkularer Literatur – historischer und heutiger. Jüdisch-feministische Beratungsstellen, queere jüdische Bildungs- und Community-Center. Bäckereien, Bildungsreisen, jüdische Schulen ohne Religion. Jüdische Lesekreise und Magazine. Jüdische Popkultur und Zines, Memes, alles aus und für den deutschen Kontext und alles säkular, weil es Zeit wird, dass diese jüdische Wirklichkeit endlich sichtbar und unbestreitbar wird.

**Meine innere Idealistin:** Und Partys! Und Bars! Ganze Clubs, Shows, Salons! Orte, an denen man rumhängt und gemeinsam nichts macht, außer Freizeit haben, aber man weiß, man teilt Lebensrealitäten, Erfahrungen, ist Insider. Und eine jüdische Dating-App, die nicht darauf hinausläuft, dass man aus religiösen Gründen 'ne jüdische Frau für 'ne Hetero-Ehe braucht. Sondern die queer und jüdisch ist, weil wir es verdient haben, jüdisch zu daten, wenn wir es wollen, weil wir dann bestimmte Dinge nicht erklären müssen, weil wir UNS dann nicht permanent erklären müssen, weil wir Lebensrealitäten teilen und vielleicht weniger Antisemitismus in der Beziehung abbekommen. (OkCupid führt jüdisch zum Beispiel nur als Religion, und ich werde bei allen Leuten, die religiöse Leute aussortieren, automatisch aussortiert.)

**Meine innere Realistin:** Säkulare Feiertage. Nicht nur privat, sondern auch so, dass jemand, der einen Ort zum Feiern braucht, das aber nicht religiös tun möchte, weil Feiertage feiern für viele von uns kein religiöser Akt ist (als würden alle zu Weihnachten in die Kirche gehen oder allein zu Hause sitzen), das auch tun kann. Listen jüdischer queerer Therapeut*innen und Trauma-Expert*innen, jüdisch-säkulare Interessenvertreter*innen in Orten wie »LesMigraS« in Berlin oder TrIQ, LSVD, damit jüdische intersektionale Bedarfe nicht nur von jüdischer Seite getragen werden müssen.

**Meine innere Idealistin:** Jüdische Demos, jüdische säkulare Politgruppen mit witzigen Namen und jüdisch-unbequemen Agenden, jüdische Podcasts, jüdische Fernseh- und Radiosendungen, und es geht kein einziges Mal um Religion. Ich will sogar jüdischen Porn, der nicht für Gojim gemacht ist, sondern für uns, weil wir es verdient haben!

**Meine innere Skeptikerin:** Okay, aber ist das nicht einfach 'ne Frage der Selbstorganisation? Dann legt halt einfach los?!

**Meine innere Idealistin:** Das sagt sich aus so vielen Gründen einfacher, als es in der Realität ist. Zum einen bedeuten zentralisierte Strukturen auch, dass es eine Instanz gibt, der über Jahrzehnte die Deutungshoheit über unsere Bedürfnisse und Interessen gegeben wurde. Also vor allem von staatlicher Seite. Das wird sich so schnell nicht ändern, hat aber großen Einfluss darauf, wie wir gesellschaftlich wahrgenommen werden, was in der öffentlichen Wahrnehmung als unsere Stimme geframet und weitergetragen wird und was wir lernen, wie wir uns selbst zu positionieren haben. Das zu entlernen, wenn eine ganze Gesellschaft dir dein Leben lang einredet, sie wüsste besser, wer wir sind, wer und was jüdisch ist, und eine Realität schafft, in der es fast scheint, als wäre der Zentralrat die jüdische Version des Papstes und würde allgemeine Positionen für alle Jüd_innen beziehen können, allgemeine Aussagen und Interessen vertreten können – das ist ein mentaler Kraftakt.

**Meine innere Realistin:** Jüdische Strukturen schaffen braucht auch ganz faktisch einfach Ressourcen wie Geld und Räume. Und solange die Annahme herrscht, es würde reichen, eine religiös ausgerichtete Institution wie den Zentralrat finanziell zu unterfüttern, und der könnte dann entscheiden, was Jüd_innen in diesem Land brauchen, wird es immer nur eine Dimension jüdischen Lebens in Deutschland geben, die auf einem nachhaltig gesicherten Fundament steht, und das ist die religiöse.

**Meine innere Expertin:** Hinzu kommt, dass es viel komplexer ist, säkulare Strukturen aufzubauen als religiöse. Irena Klepfisz hat es in einem Interview des »Treyf Podcast« gut zusammengefasst: »I mean, I think the thing is that being a secular Jew in a committed, conscious way, not just by default or by absence, but rather with content, is hard work. I mean, you have to work on it. It's not like you have a synagogue to walk into. You know, it's not like there's an institution that you can walk in. [...] And I think that anything that's hard work and that takes a certain amount of time and education is going to be avoided. Because [...] if you are observant, you can go almost to any synagogue, it might not be the synagogue of your liking, but you can still go to a synagogue. And especially if you're in remoter places that don't have all these resources [like in New York – Anmerkung der Autorin]«[11]. Säkulare Strukturen erfordern die Verantwortung und Arbeit von uns allen. Es gibt keine Synagoge, in die wir einmal im Jahr gehen können, wenn wir Lust haben. Säkulare Strukturen hängen von uns ab. Stehen und fallen damit, wie viel Arbeit und Mühe wir reinstecken. Ob wir lernen, uns gegenseitig zu verzeihen und zusammenzuhalten, um etwas aufzubauen. Wie sehr wir es pflegen, und womit wir es inhaltlich ausstatten. Es ist unsere Verantwortung, wie wir es gestalten, und das ist sowohl das Wundervolle als auch das Ätzende daran. Denn Orte mit Gestaltungsmöglichkeiten oder Freiräumen bergen viel mehr Potenzial für Frustration, die aus Kompromissen entstehen kann, als Orte wie eine Gemeinde oder Synagoge, an denen Kompromisse nicht erarbeitet werden müssen, weil unsere Gestaltungsmöglichkeiten von vornherein sehr begrenzt sind.

**Meine innere Idealistin:** Und die Wahrheit ist doch auch: Wenn du etwas neu schaffen sollst, das da, wo du dich gerade befindest, so grundsätzlich zerstört wurde und so sehr dem hegemonialen Bild der Gesellschaft widerspricht, in der du das tun möchtest, ist es etwas viel verlangt, »einfach loszulegen«. Womit denn genau? Junge jüdische Aktivist*innen versuchen etwas aufzubauen, ohne genau zu wissen, was oder wie, geschweige denn, womit. Ich glaube, nichtjüdische Menschen können sich nicht vorstellen, wovon ich spreche, weil Aktivist*innen derselben Generation, die anderen Communitys angehören, historisch bedingt in existierende Communitys hineingewachsen sind. Natürlich haben sie diese verändert, neu gestaltet, umgekrempelt. Aber von Scratch anfangen zu müssen, das ist für andere Communitys einige Generationen her, und es scheint gar kein Bewusstsein dafür zu geben, welche Selbstverständlichkeiten, welches Community-Wissen und welche Strukturen das mit sich bringt. Dinge, die wir, wenn wir Community nicht mit Gemeinde übersetzen wollen, so nicht haben. Und trotzdem: Für diese Umstände haben wir bereits unglaublich viel geschaffen in den letzten Jahren. An Räumen, Veranstaltungen und Visionen. Wir erkämpfen uns neue politische Räume, über Sprache, die wir finden oder schaffen, und über das Benennen von nichtjüdischer Normativität. Wir bilden uns miteinander und kreieren neue Bilder für und von uns, neue Narrative, neue Debatten, neue Orte, physisch, digital, gedanklich, visionär, vage Ideen von Community und Selfcare und Selbstbestimmung. Wir schreiben jüdische Bücher und Texte und Kampfschriften und Liebesbriefe aus einer säkularen, politischen, kulturellen Identität heraus. Wir bauen Netzwerke auf und Konzepte von Solidarität und Fürsorge. Wir träumen und machen. An schlechten Tagen arbeiten wir hart für die kleinsten Krumen

Sichtbarkeit und Legitimität. An guten Tagen geben, schaffen und teilen wir mit- und untereinander Ressourcen. An manchen Tagen sind wir einfach da – schon das ist erwähnenswert.

**Meine innere Moderatorin:** Was ist deine jüdisch-säkulare Vision?

**All meine Ichs:** Wir hören und sehen und lesen endlich die Geschichten, Realitäten und Anekdoten von jenen, die die letzten Jahrzehnte übersehen wurden, weil ihr Leben zwar jüdisch as fuck ist, aber es ihnen niemand geglaubt hat – so dass sie es selbst irgendwann nicht mehr geglaubt haben –, weil es eben nicht religiöse Praxis war, die ihr Leben jüdisch gemacht hat. Wir erkennen uns in ihnen wieder, lachen und weinen mit ihnen, werden selbst eine dieser Stimmen, schaffen neue jüdische Narrative, entdecken neue Insider und sprechen und erzählen nur noch für uns gegenseitig, aber ohne Scheu und in aller Öffentlichkeit. Davon, was wir wollen, wie wir es wollen, weil wir alle Möglichkeiten haben. Und die haben wir, weil uns nicht mehr nur die religiöse Norm bleibt, sondern wir alles sein können, was wir wollen, jede jüdische Realität eine offene und unumstößliche Wahrheit ist. Weil säkulares Judentum in all seinen Facetten, in all seinen Unterschiedlichkeiten, all seinen Kulturen und Traditionen, Politiken und seinen Geschichten, seiner vollen Pluralität ausgeglichen neben der Vielschichtigkeit religiösen Judentums existiert. Sich spirituelles Judentum dazugesellt und all die anderen unendlichen Welten, die all den Judentümern inhärent sind, miteinander, nebeneinander, durcheinander Neues schaffen, Altem wieder Legitimität geben. Ohne dass andere uns sagen, wer wir sind. Das ist, was Jüd_innen in Deutschland verdienen.

# Anmerkungen

1 Ich nutze bei »Jüd_innen« nicht den Asterisk/*, um mit Hilfe des Unterstrichs nicht nur die Multigeschlechtlichkeit des Judentums, sondern auch die Lücken an jüdischer Kultur und das Fehlen von jüdischen Menschen in Deutschland sichtbar zu machen.

2 Vgl.: Website des Zentralrats der Juden »Über Uns« https://www.zentralratderjuden.de/der-zentralrat/ueber-uns/

3 Vgl.: Wahlordnung der JSUD

4 Vgl: Dmitrij Belkin (2017) »Jüdische Kontingentflüchtlinge und Russlanddeutsche« Bundeszentrale für politische Bildung https://www.bpb.de/themen/migration-integration/kurzdossiers/252561/juedische-kontingentfluechtlinge-und-russlanddeutsche/

5 Vgl.: Website Zentralrat der Juden »Organe« https://www.zentralratderjuden.de/der-zentralrat/organe/

6 Vgl.: Klepfisz (1986) »Secular Jewish Identity: Yiddishkayt in America«. In: »Dreams of an insomniac. Jewish feminist essays, speeches and diatribes. S. 143–166, Portland: Eighth Mountain Press.

7 Antmann (2021) »Übersetzungsfehler« Missy-Online https://missy-magazine.de/blog/2021/06/15/uebersetzungsfehler/

8 Vgl.: Website Zentralrat der Juden »Jüdische Einrichtungen« https://www.zentralratderjuden.de/vor-ort/juedische-einrichtungen/

9 Website Israelitische Kultusgemeinde München »Schulalltag« https://www.ikg-m.de/schule-und-erziehung/sinai-grundschule/schulalltag/

10 Antmann (2021) »Übersetzungsfehler« Missy-Online https://missy-magazine.de/blog/2021/06/15/uebersetzungsfehler/

11 Treyf Podcast (2021) »50 IRENA KLEPFISZ« https://www.treyfpodcast.com/2021/02/23/50-irena-klepfisz/

# AUFBRUCH AM UFER

*Dekel & Nina Peretz*

Seit 2012 arbeiten wir auf unseren gemeinsamen Traum hin: eine aktive und lebendige jüdische Community in der Synagoge Fraenkelufer in Berlin-Kreuzberg. Gemeinsam mit einem ehrenamtlichen Team organisieren wir religiöse und kulturelle Veranstaltungen, bieten Familienprogramme an, ermöglichen jüdisches Lernen und vieles mehr. Anfangs ging es uns darum, die Synagoge mit Leben zu füllen. Inzwischen planen wir gemeinsam mit der Politik den Wiederaufbau der ursprünglichen, zerstörten Synagoge als Kultur- und Gemeindezentrum. Wir, das sind Dekel und Nina Peretz, ein israelisch-deutsches Ehepaar und jüdische Aktivisten. In diesem Beitrag blicken wir zurück auf zehn Jahre gemeinsames Engagement – und wir diskutieren über die Zukunft unserer Synagoge. Wie geht es weiter? Was begeistert die Menschen am Fraenkelufer? Und wie bleibt man auch nach zehn Jahren ehrenamtlichen Engagements weiterhin motiviert?

**Nina:** Kannst du glauben, dass wir schon zehn Jahre unseres Lebens am Fraenkelufer aktiv sind? 2012 hatten wir unsere erste größere Veranstaltung. Und seitdem gab es so viele aufregende Entwicklungen.

**Dekel:** Es ist wirklich spannend, darüber nachzudenken, wo wir damals standen, zu Beginn unseres Engagements – und wo wir heute sind. Dabei ist die Entwicklung alles andere als geradlinig. Es gab viel Auf und Ab, zahlreiche Höhepunkte, und auch immer wieder Rückschritte. Ein ganz besonderes Erlebnis war sicher die Hundertjahrfeier der Synagoge.

**Nina:** Dir ist 2015 aufgefallen, dass 2016 das hundertjährige Jubiläum der Synagoge ansteht. Und du hattest die Idee, dass wir ein großes Jubiläumsfest machen sollten – worauf wir fast ein Jahr darauf hingearbeitet haben, das in die Tat umzusetzen. Und es hat geklappt: Es gab einen Festakt mit Empfang, eine Ausstellungseröffnung, eine Broschüre, Gäste aus Berlin und der ganzen Welt …

**Dekel:** Schon damals haben wir gemerkt, wie wichtig es ist, als Grassroots-Organisation Verantwortung zu übernehmen. Wenn wir es nicht machen, dann passiert es nicht – das haben wir schnell gelernt.
Rückblickend hat die Arbeit für die Hundertjahrfeier unseren Weg nachhaltig geprägt. Da war zum einen die intensive Vernetzung mit dem Umfeld. Wir haben Nachbarinnen und Nachbarn und auch Berliner Politikerinnen und Politiker zu den Feierlichkeiten eingeladen und viele Gespräche geführt. Diese Vernetzung mit Politik, Nachbarn und Initiativen liegt uns bis heute sehr am Herzen. Unsere Synagoge liegt ja an der Grenze von Kreuzberg und Neukölln, also in einer sehr international und multikulturell geprägten Gegend. Umso wichtiger ist es, dass man gute Verbindungen mit der Nachbarschaft pflegt. Wir agieren nicht im luftleeren Raum, sondern sind Teil des Kiezes.

**Nina:** Zum anderen haben wir selbst viel erfahren über die Geschichte der Synagoge bzw. die Geschichten der Menschen, die über die Jahrzehnte hinweg das Fraenkelufer besucht haben. Vom Kriegsfotografen Robert Capa bis hin zu den Beterinnen und Betern, deren persönliche Schicksale eng mit der Synagoge verbunden sind. Capa war im September 1945 als Fotograf beim ersten jüdischen Neujahrsgottesdienst dabei und hat dieses Ereignis in seinen Bildern verewigt. Heute hängen Abzüge dieser Fotos als Ausstellung in unserem Gemeindesaal – und jedes der Fotos erzählt eine bewegende Geschichte. Zum Beispiel die beiden Waisenjungen Fred und Henry Taucher, die damals mit amerikanischen Soldaten zu Rosch Haschana zum Fraenkelufer gekommen sind. Über eine Nachbarin haben wir Kontakt zu Henry bekommen, der heute in den USA lebt – und 2017 hat er uns in der Synagoge besucht. Wir saßen im Kidduschraum, neben dem Foto von Robert Capa, und haben uns unterhalten. Es war unheimlich emotional!
Wir haben selbst recherchiert, und uns wurde auch einiges persönlich erzählt. Auf dem Weg haben wir auch ein weltweites Netzwerk gesponnen von Menschen, die uns von ihrer Verbindung zur Synagoge erzählt haben. Das war sehr identitätsstiftend.

**Dekel:** Die Feierlichkeiten haben uns auch geholfen, ein Narrativ für unser Engagement mit der Synagoge herauszuarbeiten. Für die Jubiläumsausstellung haben wir Interviews mit Beterinnen und Betern geführt. Dabei haben wir uns die Frage gestellt, wie man eigentlich die hundertjährige Geschichte einer Synagoge in Deutschland angesichts des radikalen Bruchs des Holocausts erzählt. Die Leute, die heute in die Synagoge kommen, haben fast nichts mit denen zu tun, die vor dem Krieg dort waren.

Dann haben wir uns entschieden, die Ereignisse als eine Geschichte der Migration zu erzählen. So konnten wir zeigen, welche Bedeutung jede Welle der Migration für die Synagoge hatte – und welche Relevanz umgekehrt die Synagoge für die Migranten hatte. Und so haben wir uns selbst in dieses Narrativ eingefügt. Wir sind nicht die jungen Leute, die zufällig da sind – wir sind die nächste Welle, diejenigen, die die Geschichte weiterführen. Genauso wie die Einwanderer aus der ehemaligen Sowjetunion, die in den 1980er und 1990er Jahren kamen, oder die Einwanderer aus Polen, die nach dem Holocaust gekommen sind. Das war eine sehr wichtige Erkenntnis für unser Zugehörigkeitsgefühl.

**Nina:** Das hat uns auch unsere Verantwortung gezeigt, diese Kontinuität aufrechtzuerhalten.

**Dekel:** Für mich kam da auch noch eine sehr persönliche Ebene dazu, die die Arbeit am Fraenkelufer zu einer schicksalshaften Aufgabe erhoben hat. Kurz nach der Hundertjahrfeier bekamen wir Besuch von einem Paar aus Israel. Die Frau hat sich als die Enkelin des letzten Rabbiners der Synagoge vor dem Krieg vorgestellt. Es stellte sich heraus, dass auch ihr Vater Rabbiner ist – und zwar der Rabbiner, der bei meiner Bar Mitzwa amtiert hat und der meine Familie immer wieder zu Schabbat-Mahlzeiten bei sich zu Hause eingeladen hat. Sie hat ihn sofort angerufen, und er hat sich sehr gefreut zu hören, dass ich mich nun um die Synagoge seines Schwiegervaters kümmere und dass über viele Ecken eine gewisse Kontinuität geschaffen wurde.

**Nina:** Mich hat es immer wieder bewegt, wenn Leute uns ihre persönlichen Geschichten in Verbindung mit dem Fraenkelufer erzählt haben. Das waren so oft auch Geschichten des Überlebens, der Flucht. So wie Meir Neumann, der die Shoah im Untergrund in Berlin überlebt hat – und direkt nach dem Krieg seine Bar Mitzwa am Fraenkelufer gefeiert hat. Er hat lange in Israel gelebt, ist aber später nach Berlin zurückgekehrt und hat bis zu seinem Tod 2018 jede Woche mit uns gebetet. Solche Geschichten der Beterinnen und Beter haben uns umso mehr gezeigt, warum es wichtig ist, diesen Ort zu bewahren.

Und auch heute gibt es ja viele Menschen, die persönliche Geschichten mit der Synagoge verbinden. Einige neue Paare haben sich am Fraenkelufer kennengelernt. Viele Babys wurden in den letzten Jahren geboren und am Fraenkelufer begrüßt. Viele Menschen haben am Fraenkelufer ein jüdisches Zuhause gefunden.

Dekel: Angefangen hat das Ganze für uns ja schon einige Jahre vorher. Unsere erste größere Veranstaltung in der Synagoge hatten wir 2012.

Nina: Ja, für uns begann es eigentlich mit unserer Hochzeit im Mai 2012. Da haben wir zum Schawuot-Feiertag ein Abendessen für die Gäste organisiert, gefolgt von einem kleinen Tikkun, einem Lernprogramm. Und im Herbst war dann das erste große Schabbat-Abendessen. Erinnerst du dich noch, wie es dazu gekommen ist?

Dekel: Ich denke, wir haben damals einfach gemerkt, dass wir aktiv werden müssen, ohne zu ahnen, auf welche Reise wir uns begeben und welche Veränderungen wir bewirken werden. Ein Ereignis, an das ich mich noch sehr gut erinnern kann, war der zweite Tag Rosch Haschana. Wir standen mit einigen Beterinnen und Betern am Landwehrkanal vor der Synagoge zum Taschlich-Gebet. Rabbiner Tovia Ben-Chorin hat es geleitet. Und seine Frau Adina sagte zu uns: Wenn ihr nichts unternehmt, wird die Synagoge Fraenkelufer bald schließen. Es gab zu dem Zeitpunkt nur wenige Beter in der Synagoge, und die meisten waren ziemlich alt. Wir haben nicht ganz verstanden, warum sie gerade uns anspricht.

Nina: Weil wir zu den wenigen jüngeren Leuten gehört haben, die einigermaßen regelmäßig ans Fraenkelufer gegangen sind. Sie hat einfach von uns angenommen, dass wir am ehesten aktiv sein könnten. Ihre Aussage war klar: Wenn ihr es nicht macht, dann macht es keiner.
Das hat uns erst mal ein wenig erschreckt. Wir wussten erst mal gar nicht, was wir damit anfangen sollten. Davor waren wir eigentlich gar nicht ehrenamtlich aktiv. Wir haben unser Leben ganz gemütlich geführt.
Nach dem Gebet waren wir bei Freunden zum Abendessen eingeladen und haben am Tisch mit ihnen besprochen, dass wir irgendetwas unternehmen müssen. Gemeinsam haben wir entschieden, ein Schabbat-Essen zu organisieren und viele junge Leute einzuladen. »Wir wollten sowieso mal für ein Essen spenden«, meinte unser Freund, und damit war das entschieden. Und die Bude war gleich beim ersten Mal richtig voll.

Dekel: Aber woher kamen denn plötzlich die ganzen Leute?

Nina: Wir haben eine Facebook-Gruppe eingerichtet und einfach alle unsere jüdischen Freunde und Bekannten dazu eingeladen. Außerdem haben wir die Leute per E-Mail eingeladen und persönlich angesprochen.

Es gab ja damals nicht so viele Angebote für jüngere jüdische Menschen in Berlin. Die Tatsache, dass überhaupt so etwas angeboten wurde, kam einfach gut an.

**Dekel:** Es war jedenfalls interessant zu sehen, dass auch viele Leute kamen, die wir nicht kannten.

**Nina:** Auch die älteren Beterinnen und Beter der Synagoge waren anfangs öfter dabei – einfach weil sie es spannend fanden, was dort passiert.

**Dekel:** Nachdem wir das Schabbat-Essen zweimal organisiert hatten, war das Geld alle, und wir mussten überlegen, wie es weitergeht. Die einzige Möglichkeit, die wir damals hatten, war, dass die Leute Essen von zu Hause mitbringen. Davon mussten wir damals den Synagogenvorstand überzeugen.

**Nina:** So haben wir das über mehrere Jahre hinweg gemacht.

**Dekel:** Es war auch ganz schön. Jeder und jede hat ein vegetarisches Gericht mitgebracht, und wir haben das gemeinsam organisiert.
Im Rückblick frage ich mich manchmal, warum wir das eigentlich gemacht haben. Wir hätten Adina Ben-Chorin ja auch ignorieren können.

**Nina:** Ich glaube, dass wir durch ihre Worte unsere Verantwortung für die Synagoge gespürt haben. Der Gedanke, dass möglicherweise im Jahr 2012 in Deutschland eine Synagoge schließen muss, weil niemand mehr kommt, hat uns damals geschmerzt. Wir waren dem Ort schon sehr verbunden.
Später hat es uns immer wieder Kraft gegeben, die kleinen

Erfolge zu sehen. Dass die Leute wirklich kommen, dass es wirklich funktioniert, was wir machen. Das hat uns motiviert und inspiriert.

Dekel: Wir wussten damals zum Glück nicht, wie viel Arbeit wir damit haben würden. Wir dachten erst mal nur einen Schritt voraus.

Nina: Wir hatten wirklich keine Ahnung, wie viele Baustellen und wie viel Entwicklungspotenzial das bieten würde.

Dekel: Ein bisschen Naivität ist auch wichtig, um mit so einer Sache anzufangen.

Nina: Und auch, um an der Sache dranzubleiben! Hast du es denn zwischendurch mal bereut, dass wir das gemacht haben?

Dekel: Es ist auf jeden Fall oft ziemlich viel zu tun. Und wir machen es immer nebenher, zusätzlich zu unserer eigentlichen Arbeit. Es beschäftigt uns die ganze Zeit, schon seit zehn Jahren. Auch wenn wir in den Urlaub fahren, haben wir trotzdem damit zu tun. Das Geschehen am Fraenkelufer kann man nicht einfach niederlegen wie eine normale Arbeit.

Nina: Weil die Aktivitäten im Lauf der Zeit einfach so gewachsen sind. Nach dem Anfang mit dem Schabbat-Essen haben wir gemerkt, dass es viel mehr braucht, um nachhaltig zu sein. Recht schnell sind wir dazu gekommen, jüdisches Lernen als Kern unserer Aktivitäten zu etablieren.

**Dekel:** Von Anfang an wollten wir diverse Menschen zusammenbringen. Es ging uns nicht um eine religiöse Ideologie, um Reform, orthodox, liberal – sondern immer darum, eine Gemeinschaft entstehen zu lassen. Es gab immer wieder diese Momente, die uns inspiriert haben, einfach weiterzumachen. Zu sehen, dass die Leute sich wirklich freuen, in die Synagoge zu kommen, gemeinsam zu beten, zu essen, zu lernen und zu feiern.

**Nina:** Wenn es also nicht die religiöse Ideologie ist, die für den Zusammenhalt sorgt – was dann? Was denkst du, was das Gefühl der Zugehörigkeit entstehen lässt bei den Leuten, die ans Fraenkelufer kommen?

**Dekel:** Wir haben immer gesagt, dass wir die Leute einladen und schauen, wie sie selbst den Ort mit Leben füllen wollen. Dabei wurde uns schnell bewusst, dass wir Wandel und Erneuerung in eine bereits bestehende Gemeinschaft bringen. Eine Gruppe von eher älteren Beterinnen und Betern, die deutsch und osteuropäisch geprägt war, deren Mitglieder ursprünglich aus Russland, Polen oder dem Baltikum kamen, zusammen mit einigen alteingesessenen Berlinern. Leute, denen es besonders wichtig war, die Tradition der Synagoge zu bewahren.

**Nina:** Ich erinnere mich, wie wir damals immer als »die jungen Leute« bezeichnet wurden. Das war damals das Gefühl der Älteren, dass die Jungen reinkommen und den Ort verändern. Manche fanden das toll, und andere haben das als eine Invasion empfunden. Rückblickend kann ich das auch nachvollziehen. Jahrelang hat es stagniert, und plötzlich kamen 50, 60, 70 Leute, die normalerweise gar nicht in die Synagoge kommen würden, zum Abendgebet – und blieben zum gemeinschaftlichen Essen. Dann wurde es laut und feuchtfröhlich, und zum Gottesdienst am frühen Morgen waren die meisten nicht mehr da.

**Dekel:** Das war eine große Herausforderung. In den Gesprächen mit dem Synagogenvorstand haben wir gemerkt, welche Diskrepanz es gibt zwischen den Erwartungen und der Realität. Der Wunsch der Älteren war, dass Nachwuchs in die Synagoge kommt. Dieser sollte aber irgendwie genauso sein wie sie. Aber es kamen junge Leute, die ganz anders waren als sie. Sie sprachen andere Sprachen: Englisch, Hebräisch, Französisch, Italienisch. Das hat viel Heterogenität in die Synagoge gebracht. Sie hatten auch andere Werte, Wünsche und Prioritäten. Für die älteren Beter war es am wichtigsten, genügend Männer pünktlich am Schabbat-Morgen zu haben, um einen Minjan für das Gebet zu haben. Für die jüngeren waren die Gemeinschaft und das Lernen wichtiger. Das haben wir versucht zu vermitteln, und das war – und ist – immer wieder ein Konfliktpunkt.

**Nina:** Interessanterweise gibt es ja einen verbindenden Punkt zwischen den Älteren und Jüngeren, das ist der Wunsch, in der Synagoge Zugehörigkeit zu finden. Ich glaube, dieser Aspekt führt dazu, dass es trotz aller Konflikte doch irgendwie funktioniert.

**Dekel:** Ja, die Gemeinschaft ist schon zusammengewachsen über die Jahre. Dennoch ging es uns nicht einfach darum, den Minjan zu sichern, sondern darum, etwas Neues entstehen zu lassen.

**Nina:** Etwas, das diese Synagoge auch zukunftsfähig macht. Das ist eine Entwicklung, die auch mit der Frage nach unseren Werten einhergeht. Zum Beispiel, wie wir mit Menschen umgehen, die andere Lebenskonzepte haben als die traditionell anerkannten, also zum Beispiel queere Menschen. Oder wie wir die Lebensrealitäten von Menschen berücksichtigen, die in gemischten Partnerschaften mit einem nichtjüdischen Partner leben, und diejenigen ihrer Kinder. Darüber haben wir am Fraenkelufer immer viel diskutiert.

**Dekel:** Dabei ging und geht es eigentlich nie um die Frage, ob jemand in die Synagoge kommen darf oder nicht. Sondern eher darum, wie sichtbar bestimmte Themen sind. Manche sagen: Jemand, der schwul oder lesbisch ist, kann schon zum Gebet kommen, aber das Thema Queerness soll bitte draußen bleiben.
Kompliziert wird es in einer traditionellen Synagoge wie unserer auch, wenn jemand sich nicht eindeutig in ein binäres Geschlechtermodell einordnen kann – es aber nur einen Männer- und einen Frauenbereich gibt. Und da kommen wir auch zur wichtigen Frage der Gleichberechtigung.

**Nina:** Wichtiger Bestandteil unseres Wertesystems ist es beispielsweise, dass wir die Lebensrealitäten der Menschen anschauen und anerkennen. Das ist wichtig, wenn die Synagoge ein Zuhause für die Leute sein soll.

**Dekel:** Wir sehen die Synagoge eher entsprechend der griechischen Bedeutung des Wortes, als einen Ort der Versammlung. Das war von Anfang an eine treibende Kraft für uns, dass wir Raum für die Heterogenität der Jüdinnen und Juden in der Umgebung schaffen möchten, die bei einem entsprechenden Angebot auch kommen würden. Es ging darum, etwas zu erschaffen, mit dem die Leute sich identifizieren können.

Nina: Was denkst du denn, was es braucht, damit man so lange engagiert und inspiriert bleiben kann?

Dekel: Einmal ist das die Tatsache, dass wir das als Paar zusammen machen. So hat man immer einen gewissen Rückhalt und kann sich gegenseitig ermutigen und inspirieren. Auch wenn das natürlich viele neue Herausforderungen mit sich gebracht hat. Man muss lernen, mit dem eigenen Partner Projekte auf die Beine zu stellen und gemeinsam zu arbeiten. Und die andere Sache ist, immer einen Horizont zu haben, immer ein Ziel im Auge zu behalten. Nicht zu stagnieren. Das Ziel war nicht, etwas zu konservieren, sondern zu wachsen und nachzudenken, was der nächste Schritt ist. Das hat mich immer wieder motiviert.
Wie ist das bei dir, was motiviert dich, dranzubleiben?

Nina: Es gab auf dem Weg tatsächlich immer wieder Punkte, an denen die Motivation eingeknickt ist. Aber generell motiviert mich die Tatsache, dass es auch nach Rückschlägen immer wieder neue Energie und neue Menschen gibt. Auch die Rückmeldung der Menschen, dass die Community für sie sehr wichtig ist, gibt Energie. Ich bin mit ganz vielen Mitgliedern im Gespräch, und nichts motiviert mich mehr, als zu hören, dass ein Programm gut funktioniert hat, ein Abendessen besonders schön oder ein Bildungsprogramm besonders spannend war. Und natürlich zu hören, wenn es Nachwuchs gibt, wenn ein neues Baby in der Community geboren wurde. Wenn man merkt, dass unsere Arbeit Zukunft hat.

**Dekel:** Ich fand auch die Unterstützung von bestimmten Leuten und Organisationen sehr wichtig, und die Partnerschaften, die wir über die Jahre aufgebaut haben und die uns immer wieder motiviert haben, neue Wege zu gehen und die Programme auszuweiten. Da habe ich irgendwann verstanden, dass wir etwas wirklich Großes machen. Dass es nicht nur darum geht, eine Synagoge zu retten, sondern darum, das jüdische Berlin mitzugestalten.

**Nina:** Die Geschichte, wie die Synagoge wiederbelebt wurde, hat auch viel Strahlkraft über die Grenzen Berlins und Deutschlands hinaus. Ich denke, dass wir durch unser Engagement und unsere Partnerschaften mit anderen jüdischen Organisationen durchaus dazu beigetragen haben, andere zu inspirieren und die jüdische Community insgesamt zu stärken.

**Dekel:** In diesem Kontext habe ich schon bald gemerkt, wie wichtig es ist, einen offenen Ort zu schaffen. Die gegenwärtige Entwicklung in Deutschland ist eher, dass religiöse, eher orthodoxe Gemeinden und Institutionen wachsen. Wir haben zwar als reine Synagoge angefangen, also fokussiert auf den Aspekt der Religion bzw. auf Gemeindearbeit. Inzwischen geht unser Engagement aber weit darüber hinaus, wir machen auch viel Kultur- und Netzwerkarbeit. Dazu haben wir beispielsweise Eruv Hub gegründet, das erste Coworking-Netzwerk für jüdische Initiativen und Organisationen in Deutschland.

**Nina:** Hinzu kommt ja noch, dass wir nicht nur eine jüdische Grassroots-Organisation sind, sondern mit der Synagoge auch Teil der Jüdischen Gemeinde zu Berlin. Das ist schon ziemlich komplex – vor allem wenn unsere Stimme nicht unbedingt mit der Mehrheitsmeinung in der Gemeinde übereinstimmt.

**Dekel:** Das wurde 2015 sehr deutlich, als viele Geflüchtete aus Syrien und anderen arabischen Ländern nach Deutschland gekommen sind. In der jüdischen Gemeinschaft gab es damals viele Ängste, dass man sich eine Gefahr ins Land holt, eine Bedrohung für die Juden. Natürlich haben wir nicht die Augen davor verschlossen, dass es in den Herkunftsländern dieser Menschen eine antisemitische oder antiisraelische Einstellung gibt. Aber gleichzeitig waren wir überzeugt, dass es wichtig ist, diesen Menschen zu helfen – und damit haben wir den vielen Jüdinnen und Juden eine Stimme gegeben, die das ebenfalls so sahen. Da habe ich gemerkt, dass unsere Stimme gehört wurde, auch weil wir als Vertreter einer Synagoge gesprochen haben. Einfach weil die Mehrheitsgesellschaft versteht, was eine Synagoge ist, und sie als eine legitime jüdische Organisation anerkennt – vielleicht mehr, als wenn wir einfach als eine jüdische Grassroots-Organisation gesprochen hätten. Auch unter Juden haben es viele begrüßt, dass es Synagogen gibt, die eine andere Meinung vertreten. Viele konnten sich damit identifizieren. Ich habe damals verstanden, wie wichtig es für das Zugehörigkeitsgefühl innerhalb der Community ist, an wichtigen Stellen politisch und gesellschaftlich aktiv zu werden.

**Nina:** Sich zu engagieren und zu sehen, dass man mit dem eigenen Engagement Veränderung bewirken kann. Das zeichnet viele unserer Aktionen und Angebote aus. Deshalb sind wir schon seit 2014 jedes Jahr am Mitzvah Day beteiligt, dem jüdischen Tag der guten Taten. In dem Kontext haben wir immer auch die schwächeren Gruppen in der Gesellschaft in den Blick genommen, haben zum Beispiel Spenden gesammelt für Obdachlose, haben Programm für geflüchtete Kinder gemacht, haben ältere Menschen im Seniorenzentrum besucht, Nachbarschaftsarbeit gemacht. Es zeichnet uns auch aus, dass wir mit verschiedenen Gruppen innerhalb und außerhalb der jüdischen Gemeinschaft zusammenarbeiten.

Dekel: Es war uns außerdem wichtig, Leute zu unterstützen, die sich engagieren möchten. Zum Beispiel war es für viele 2015/16 nicht klar, wie sie den Geflüchteten helfen können. Oder es gab Ängste, als Jüdinnen und Juden in eine Flüchtlingsunterkunft zu gehen und dort aktiv zu werden. Wir sind dann gemeinsam als jüdische Gruppe in eine Unterkunft für Geflüchtete gegangen, haben zum Mitzvah Day ein Kinderprogramm organisiert, das dann über ein Jahr hinweg regelmäßig stattgefunden hat. Und an den Weihnachtstagen haben unsere jüdischen Freiwilligen bei den Küchenschichten in der Unterkunft ausgeholfen. Über solche Aktionen haben wir immer wieder Möglichkeiten geschaffen, über die Synagogenarbeit hinaus gesellschaftlich aktiv zu sein.

Nina: Aber auch für die Synagoge selbst! Sich für das Fraenkelufer zu engagieren, macht für viele unserer Beterinnen und Beter einen wichtigen Teil des Community-Spirits aus. Die Leute wissen, dass unsere Gemeinschaft am Fraenkelufer nur Bestand hat, wenn wir sie gemeinsam gestalten. Wir planen die Programme, organisieren die Veranstaltungen, unterrichten Torah, decken den Tisch fürs Schabbat-Essen oder machen Synagogenführungen. Das Fraenkelufer ist auf dieses Engagement angewiesen – zugleich ist genau das für viele Teil ihrer jüdischen Identität.

Interessant finde ich in diesem Zusammenhang die Frage, welche Rolle eigentlich der Ort spielt, also das Synagogengebäude. Wir haben ja einen sehr engen Bezug zu dem Gebäude. Und seit einigen Jahren bemühen wir uns, gemeinsam mit vielen Partnern und Unterstützern die alte Synagoge wiederaufzubauen, die in der Reichspogromnacht und im Krieg zerstört wurde.

**Dekel:** Ausgangspunkt dafür war, dass in der Synagoge schlicht nicht genügend Raum für unsere vielfältigen Aktivitäten ist.

**Nina:** Das stimmt. Während der Feiertage platzt das Gebäude aus allen Nähten, vor allem wenn wir auch noch Kinderprogramm anbieten. Dann müssen wir mit den Kids raus in den Garten und darauf hoffen, dass es nicht regnet. Nebenbei noch ein festliches Essen für alle Anwesenden anzubieten, ist richtig schwierig, weil es nicht genug Sitzplätze gibt.

**Dekel:** Und neben der Synagoge gibt es immer noch die Brache, auf der früher der Hauptsaal der Synagoge stand. Sie zählte einst zu den größten Berlins. Langsam schließt sich die Stadt. Als ich vor 20 Jahren nach Berlin gekommen war, waren überall Brachen. Inzwischen wird alles bebaut. Wir müssen diesen historischen Moment – diese zweite Gründerzeit von Berlin – ergreifen, um diesen Ort für eine jüdische Zukunft zu sichern. Wir sind mit dem Berliner SPD-Fraktionsvorsitzenden Raed Saleh ins Gespräch gekommen und haben ihm unser Leid geklagt. Zusammen mit ihm ist die Idee entstanden, die alte Synagoge wiederaufzubauen. Und wir fanden es toll, diese wieder als ein lebendiges, jüdisches Gemeinde- und Kulturzentrum in Kreuzberg zu errichten.

**Nina:** Es hat sich so viel getan in den letzten Jahren, es gibt eine große Vielfalt jüdischer Organisationen, kulturelle, religiöse Initiativen, israelische Start-ups. Und es gibt noch wenig Verbindendes zwischen all diesen Organisationen. Solche Gruppierungen zusammenzubringen, ist auch ein Fokus von uns geworden. Es passt ja auch, weil genau diese Diversität das Fraenkelufer auszeichnet.

**Dekel:** Und von Anfang an ging es auch darum, spannende jüdische Initiativen in der Umgebung in die Synagoge hineinzubringen, um die Synagoge stärker mit ihrem Umfeld zu verbinden.

Gleichzeitig war es wichtig auszuloten, wie stark wir unsere Lebenseinstellungen – und diejenigen unserer Mitstreiter – in die Gestaltung der Synagoge einbringen dürfen. Seit mindestens 30 Jahren ist Gleichberechtigung das umkämpfteste Thema am Fraenkelufer. Das ist etwas, das für fast alle Beterinnen und Beter in ihrem Alltag selbstverständlich ist, das sich aber nicht in der rituellen Praxis der Synagoge findet. Für uns war es ganz klar, dass alle unsere neuen Aktivitäten egalitär für Männer, Frauen und LGBTQI* sein mussten und dass wir die Kluft zwischen unserer Lebens- und der Synagogenrealität verringern möchten.

**Nina:** Manchmal frage ich mich, wie das in der Praxis funktioniert. Meine Haltung ist, dass wir auch die Tradition des Ortes bewahren. Und da ist es nun mal so, dass beim Gebet Männer und Frauen getrennt sitzen und nur die Männer den Aufruf zur Torah bekommen. Auch wenn es schon ein bisschen schizophren ist, wenn wir im Alltag die völlige Gleichberechtigung der Geschlechter leben, und beim Gebet plötzlich nicht. Aber irgendwie hat man sich auch daran gewöhnt.

**Dekel:** Ich verstehe Tradition anders. Die Tradition einer Synagoge befindet sich immer im Wandel und wird von den Gewohnheiten, Präferenzen und Weltanschauungen der Menschen, die dort beten, immer neu geprägt. Vor dem Zweiten Weltkrieg und dem Holocaust gehörte die Synagoge der deutschen Orthodoxie an, die eben anders war als in Osteuropa. Zum Beispiel gab es am Fraenkelufer früher einen Männer- und Knabenchor. Nach dem Holocaust kamen polnische Juden und Jüdinnen dazu, für die ein Chor nicht zu ihrer Tradition passte. Seitdem gab es immer neue Migrationswellen, die die Synagoge geprägt haben. Das bedeutete jedes Mal einen Aushandlungsprozess zwischen verschiedenen Gruppen. Am Fraenkelufer ist das auf besondere Weise veranschaulicht: Wir haben zwei Torahschränke, die an zwei verschiedenen Seiten des Gebetsraums stehen und interne Meinungsverschiedenheiten über die korrekte Gebetsrichtung verdeutlichen. Das gibt es in kaum einer anderen Synagoge.

**Nina:** Wir sind ja teilweise auf einem guten Weg. Wir haben eine Frau im Vorstand der Synagoge und viele Frauen in wichtigen Rollen. Aber ich denke, wir sind uns einig, dass es da noch viel zu tun gibt.
Wenn ich nur auf unsere Familie schaue: Wir haben eine kleine Tochter, und ich frage mich natürlich, was mit ihr sein wird. In ein paar Jahren lernt sie für die Bat Mitzwa. Und was wird sie dann für eine Zukunft dort haben? Und was wird ihr gerade für ein Rollenbild vorgelebt? In der Synagoge stehen fast nur Männer oben auf der Bima. Und ihre

Mutter, wenn ich mal eine Rede halte oder eine Ankündigung mache – aber ich habe eben keine rituelle oder religiöse Rolle.

Dekel: Für mich geht es über die Frage unserer eigenen Tochter hinaus. Ich frage mich, wie wohl ich mich in einem nicht egalitären Kontext fühle. Es gibt bei uns eine Vielfalt der Meinungen dazu. Es ist wichtig, uns immer wieder zu fragen, wohin wir als Gemeinschaft wollen und wie wir diesen Weg in unserer religiösen und pädagogischen Praxis verankern.

Nina: Das ist sehr spannend, an einem Ort, der so divers ist und wo es so viel Fluktuation hat. Es gibt immer wieder Menschen, die kommen und gehen, so wie es eben auch in Berlin ist. Und wer ist dann die feste Gruppe, also wer sind die Beterinnen und Beter, wer sind die Synagogenmitglieder, die diese Entscheidungen treffen?

Dekel: Das ist schwierig zu sagen. Letztendlich schaffen wir am Fraenkelufer verschiedene Räume für unterschiedliche Gruppen. Es gibt Angebote für junge Erwachsene, für Familien, für Menschen, denen vor allem die Gebete wichtig sind. Es ist immer schön zu sehen, wie insbesondere an Feiertagen alle diese Gruppen zusammenkommen. Das sind teilweise Hunderte von Menschen, die sich nicht unbedingt untereinander kennen, aber eine Zusammengehörigkeit spüren.

Nina: Also zurück zum Thema Räume – Raum schaffen für die Community. Es ist schon ein bisschen verrückt, über ein festes Gebäude nachzudenken, oder? Irgendwie ist es doch ein krasses Statement in einer Zeit von Agilität, Fluktuation und Dynamik, einfach ein Haus hinzustellen. Es ist schon ein starkes Statement und ein Signal für Berlin, dass man eine Synagoge wiederaufbaut.

**Dekel:** Ein Gemeinde- und Kulturzentrum, wie wir es planen, ist bitter notwendig für eine große und bedeutende Stadt wie Berlin, in der inzwischen Zehntausende Jüdinnen und Juden leben. Es gibt hier keinen Ort, der gegenwärtige jüdische Kultur das ganze Jahr durch anbietet, obwohl inzwischen sehr viele jüdische Kulturschaffende in der Stadt leben. Es gibt auch keinen Ort, an dem Jüdinnen und Juden verschiedener Herkünfte und Einstellungen sich treffen können, um über Religion, Gesellschaft, Politik, Kultur usw. zu sprechen.

**Nina:** Nicht davon zu schweigen, dass die Synagoge auch weitere Räume für die Gemeindeaktivitäten braucht. In Bezug auf die Idee eines offenen Hauses stellte uns der Anschlag in Halle vor eine große Herausforderung. Gerade im Hinblick auf eine dauerhafte Bleibe in Deutschland war der Anschlag an Jom Kippur ein traumatischer Rückschlag, für uns und unsere ganze Community. Wir haben unser Sicherheitsgefühl verloren. Das war das Schrecklichste, was wir als Gemeinschaft erlebt haben, zumindest während unserer aktiven Zeit. Dadurch, dass einige Menschen vom Fraenkelufer vor Ort waren während des Anschlags, hat uns das in unseren Grundfesten erschüttert. Wir stellen jetzt viel intensivere Fragen bezüglich Sicherheit und Offenheit. Und unser Vertrauen in behördliche Sicherheitsstrukturen, wenn auch nicht unbedingt in Berlin, wurde ebenfalls erschüttert. Viele Leute haben noch mal ganz anders hinterfragt, ob wir wirklich hierhergehören.

**Dekel:** Ja, das war der einzige Moment, in dem ich darüber nachgedacht habe, ob es wirklich Sinn macht, hier für die

Zukunft zu bauen. Vor allem stellte das Attentat ein großes Fragezeichen über unseren Wunsch, einen einladenden, sicheren, aber nicht hinter Mauern versteckten Ort jüdischen Lebens zu schaffen. Es war für mich wichtig, dass wir kurz danach Unterstützung von der Zivilgesellschaft bekommen haben. Am ersten Schabbat nach dem Attentat haben Leute eine Mahnwache vor der Synagoge gehalten. Manche von denen sind seitdem Freunde geworden. Sie haben uns vermittelt, dass wir nicht alleine sind, dass es zwar brutale Antisemiten in Deutschland gibt, aber dass wir auch ganz viele Freunde und Alliierte in der deutschen Gesellschaft haben. Das hat mich wieder gestärkt.

Nina: Diese traumatischen Erlebnisse werden uns als Community sicher für immer begleiten. Es ist wirklich interessant, welche Resilienz dadurch entstanden ist, auch in der Community. Welche Fähigkeit der Selbststärkung und Selbstheilung. Die Gruppe der Überlebenden hat sich zusammengefunden, mit allen Konflikten und Herausforderungen, die es dabei gibt. Sie engagiert sich dafür, einander zu unterstützen, die Community zu stärken und nach außen zu vertreten. Wichtig waren dabei auch die Hilfsangebote von jüdischen Organisationen. Diese Vernetzung hat zu viel Solidarität innerhalb der jüdischen Gemeinschaft geführt.

Dekel: Und ich finde, die Schaffung von sichtbaren jüdischen Orten, an denen diese Netzwerke zur gegenseitigen Stärkung ein Zuhause finden können, ist ein wichtiger Beitrag zur Resilienz und eine wichtige Antwort auf Halle.

Nina: Weil das Signalwirkung hat, meinst du?

**Dekel:** Nein, es geht mir nicht primär um das Signal an die deutsche Gesellschaft, sondern dass wir Orte haben, an denen wir uns als Juden sicher und heimisch fühlen – auch in Zeiten, zu denen es draußen düsterer wird. Ich meine, das ist immer eine wichtige Funktion des Fraenkelufers und der Synagogen in der Diaspora gewesen. Die Ausweitung Richtung Kunst und Kultur folgt aus diesem Gedanken, da viele Jüdinnen und Juden sich nicht unbedingt mit der jüdischen Religion identifizieren, sondern andere Wege haben, jüdisch zu sein.

**Nina:** Auch, um zu zeigen, dass es diese Diversität des gegenwärtigen jüdischen Lebens gibt. Dieses Wiederaufbauprojekt funktioniert natürlich nur mit vielen Partnern auf allen Ebenen. Ich glaube, die Unterstützung durch die Politik, durch die Verwaltung und durch die Zivilgesellschaft stärkt uns auch.

**Dekel:** Wir haben mit der Arbeit am Fraenkelufer auch große Wirkung in der jüdischen Community gehabt. Berlin ist heute ganz anders, als es vor zehn Jahren war. Als wir angefangen haben, gab es sehr wenig Angebote für junge Jüdinnen und Juden. Zumindest bei weitem nicht so viele Initiativen und Gruppen wie heute. Ich denke, dass wir in den letzten zehn Jahren wichtige Impulse für das Wachstum dieses Netzwerks gegeben haben.

**Nina:** Es ist unglaublich, was sich in den letzten Jahren entwickelt hat. Das Spannende bei uns war, dass wir immer darauf geachtet haben, dass die Leute selbst aktiv sind, und dass wir schauen, was die Leute eigentlich brauchen. Auf dieser Grundlage haben sich die Dinge dann entwickelt – und nicht auf Basis irgendeiner politischen Agenda. Also statt Programme zu entwickeln und dann Leute dafür zu suchen, haben wir die Leute, die schon da waren, gefragt, was sie sich wünschen. Und haben dann gemeinsam mit ihnen entwickelt. So machen wir es bis heute am Fraenkelufer.

# UM DEMOKRATISIERUNG RINGEN

*Hannah Peaceman*

Als ich vor einigen Jahren einen Text publizierte,[1] in dem ich die Heterogenität der jüdischen Gemeinschaft der einseitigen Repräsentation jüdischen Lebens gegenüberstellte, sorgte das für Aufregung. Vor einer Podiumsdiskussion, zu der ich von einem der größten jüdischen Verbände der Bundesrepublik eingeladen worden war, bat man mich, nichts Politisches zu sagen, sondern nur meine (nicht vorhandene) postsowjetische Migrationsgeschichte zu erzählen. Groß war die Angst, ich könne etwas »Kritisches« sagen.

Worüber eigentlich? Über Ungleichheiten und Machtverhältnisse in jüdischen Institutionen? Darüber, dass Frauen* in Entscheidungspositionen in jüdischen Institutionen unterrepräsentiert sind, darüber, dass ein Bild geschaffen wird, nach dem jüdische Gemeinden immer orthodox sind, darüber, dass Rabbinerinnen ignoriert werden und queere Menschen kaum religiöse Orte oder überhaupt einen Platz in den Gemeinden haben? Dass nach wie vor Menschen aus der ehemaligen Sowjetunion und ihre Narrative in dem, was als »deutsches« Judentum verstanden wird, keine Rolle spielen sollen? Dass junge Menschen so gut wie keine Mitspracherechte haben? Über das Problem rassistischer und rechter Einstellungen auch innerhalb der jüdischen Gemeinschaft? Die Liste könnte weitergeführt werden.

Als Wissenschaftlerin ist es für mich selbstverständlich, Widersprüche in den Blick zu nehmen und sie zu kritisieren. In dem eingangs geschilderten Versuch, meine Position auf meine persönliche Geschichte zu reduzieren, ging es darum, eine gesellschaftspolitische Kritik zu verhindern. Mein Widerspruch gegen die Idee, die jüdische Gemeinschaft müsse mit einer Stimme sprechen und Streit dürfe nicht nach außen gezeigt werden, sollte nicht gehört werden.

Meine Haltung war und ist: Jüdisches Leben ist vielfältig und widersprüchlich. In einer demokratischen Gesellschaft muss Platz für diese jüdische Realität – oder besser: diese jüdischen Realitäten – sein. Zugleich ist es auch ein Prozess der innerjüdischen Demokratisierung, Hierarchien und dogmatische Haltungen zu kritisieren und zu verändern. Es geht dabei nicht nur um Sichtbarkeit, sondern um institutionelle und strukturelle Veränderungen.

Der Konflikt darum, ob Kritik und Streit um jüdische Vielfalt in der Öffentlichkeit in Ordnung ist, ist jetzt einige Jahre her. Seitdem hat sich manches geändert (und manches nicht). Mein Beitrag ist eine kleine, natürlich nicht vollständige Bestandsaufnahme über institutionelle und politische Entwicklungen.

In diesem Text geht es darum, bestehende Widersprüche und Konflikte zu thematisieren. Ich stelle kritische Thesen zu verschiedenen Themen (z. B. zu Feminismus, Generationen, Allianzen) auf. Dabei zeige ich nicht nur, was sich verändert hat, sondern auch, welche Defizite, Leerstellen und Fehlentwicklungen – oder positiv gesprochen: welche Potenziale – ich sehe.

## Konsens: Jüdische Vielfalt 2022

2022 wurde das Jubiläumsjahr »1700 Jahre jüdisches Leben« begangen.[2] In unzähligen Formaten wurde jüdisches Leben sichtbar gemacht: Dazu zählen Podcasts, Podiumsveranstaltungen, Kulturveranstaltungen, Puppentheater. Erfolgsgeschichten wurden dargestellt, vor allem über Jüd*innen mit Migrationsgeschichten. Wie ein begleitender Fotowettbewerb mit dem Titel »Zusammenhalt in Vielfalt – Jüdischer Alltag in Deutschland«[3] zeigt, waren nicht nur die Formate vielfältig, sondern auch die jüdischen Lebensweisen, die dargestellt wurden.

Die verschiedenen Zugänge zum Judentum sind sichtbar geworden: egalitäres Beten, kulturell-politische Zugänge zum Judentum, queere Jüd*innen, junge und alte Menschen, Migrationsgeschichten.[4]

Auf der Ebene der Institutionen hat sich ebenfalls viel verändert. 2016 gründete sich die Jüdische Studierendenunion Deutschland (JSUD).[5] Sie organisiert Demonstrationen, verfasst Positionspapiere und schaltet sich in Kontroversen um jüdische und nichtjüdische Themen ein. Ihre Forderungen richten sich sowohl an eine jüdische als auch an eine nichtjüdische Öffentlichkeit. Als sich die Gruppe »Juden in der AfD« (JAfD) gründete, organisierte die JSUD eine Kundgebung dagegen, und ihre damalige Präsidentin positionierte sich klar gegen rechts. Das schnelle und laute Agieren der JSUD-Aktivist*innen, von denen viele selbst innerhalb der Gemeinden und der konservativen Strukturen aufgewachsen sind, lässt sich vonseiten der Verbände schlecht ignorieren. Die Gemeinden haben ein Überalterungsproblem. Zudem fühlen sich viele jüdische Studierende von der JSUD vertreten und nehmen sie als ihre Stimme wahr.

Unter anderem mit Unterstützung aus der JSUD heraus hat sich 2018 Keshet Deutschland gegründet.[6] Der Verein setzt sich für die Gleichberechtigung und Sichtbarkeit von LGBTIQ*-Jüd*innen ein. Diese Forderungen stoßen bei manchen Rabbinern durchaus auf Widerspruch. Ignoriert werden kann Keshet allerdings auch nicht mehr.

Sowohl die JSUD als auch Keshet bringen progressive Themen wie Nachhaltigkeit, Patrilinearität, liberales Judentum und Feminismus in Diskussionen ein. Die junge Erwachsenengeneration fordert, ihre reale Vielfalt abzubilden und anzuerkennen – und zwar explizit auch in den Gemeinden.

Eine wichtige Rolle für die Sicht- und Hörbarkeit spielen die sozialen Medien. Zahlreiche Kampagnen auf Facebook und Instagram zur Aufklärung über LGBTIQ*-Themen, Rassismus, Antisemitismus, Feminismus und vielem mehr belegen die Bandbreite der Aktivitäten. Veranstaltungsreihen, Workshops, Seminare und Öffentlichkeitsarbeit sind Teil des Engagements, wie auch eine internationale Vernetzung, beispielsweise mit der European Union of Jewish Students (EUJS).

Nicht zuletzt gibt es innerhalb des Zentralrats und der Zentralwohlfahrtsstelle (ZWST) Mitarbeiter*innen, denen die aus JSUD und Keshet kommenden Themen wichtig sind. Aus dieser Zusammenarbeit ist zum Beispiel der »Jewish Women Empowerment Summit«[7] entstanden, den die JSUD, die Bildungsabteilung des Zentralrats und die ZWST gemeinsam bereits dreimal organisiert haben. Das Programm ist vielfältig, reicht von wissenschaftlichen zu praktischen Fragen, beinhaltet religiöse und nicht religiöse Themen. Eingeladen sind Referent*innen mit ganz unterschiedlichen Bezügen zum Judentum. Dabei werden durchaus auch komplexe und schmerzhafte Fragen thematisiert. Es nehmen modern-orthodoxe, konservative und liberale Jüd*innen teil. Jenseits der zugeschriebenen Konfliktlinien (etwa der Annahme, es gäbe große Konflikte zwischen orthodoxen Frauen und trans oder queeren Personen) ist eine Art Safer Space entstanden, der ein gemeinsames Sprechen möglich macht, statt zugeschriebene Trennlinien zu manifestieren. Widersprüche zwischen den Lebensweisen und Positionen lassen sich dabei natürlich nicht lösen, aber sie werden als jüdische Realitäten sichtbar, besprechbar und im besten Falle respektiert.

## Ermöglichungsbedingungen[8]

Die Liberalisierungstendenzen innerhalb der institutionellen Strukturen der jüdischen Gemeinschaft sind nicht zufällig. In den letzten zehn Jahren ist eine Vielzahl von Organisationen und Initiativen entstanden, die ihren Platz außerhalb der Gemeindestrukturen eingenommen haben.

Ein zentraler Ort ist das Ernst Ludwig Ehrlich Studienwerk (ELES), das jüdische Begabtenförderungswerk. Viele in den jüdischen Gemeinden sozialisierte junge Erwachsene sind hier Stipendiat*innen. Die ideelle Förderung ermöglicht einen intellektuellen Zugang zum Judentum. Gefordert wird, sich kritisch und selbstkritisch mit unterschiedlichen Facetten des Judentums auseinanderzusetzen. Das ELES hat sich dazu den Begriff von »Machloket«, Streitbarkeit, angeeignet. Gemeint ist damit, eine demokratische Praxis des Streitens einzuüben, in der Widersprüche respektvoll diskutiert und ausgehalten werden.[9] Im ELES sind einige der jungen Erwachsenen erstmals mit jüdischen Perspektiven außerhalb der orthodox und konservativ geprägten Gemeinden konfrontiert. Sie finden dort Anstöße, eigene Gewissheiten zu hinterfragen und neue Perspektiven kennenzulernen.

Auch das ELES ist nicht in einem luftleeren Raum entstanden. Dass ein jüdisches Studienwerk gegründet werden konnte, geht zum einen auf die Migration vor allem aus der ehemaligen Sowjetunion in den 1990er Jahren zurück, durch die sich die jüdische Gemeinschaft von ca. 30 000 Menschen auf 200 000 Menschen vergrößerte. Doch es war nicht nur die höhere Zahl an Menschen, die ein jüdisches Studienwerk ermöglichte. Durch die Migrantisierung der jüdischen Gemeinschaft, auch durch den Zuzug von Jüd*innen etwa aus Israel, den USA oder Argentinien, sind widerstreitende Narrative über und Bezüge auf das Judentum sichtbar und hörbar geworden. Orte jüdischen Lebens außerhalb der Gemeinden, wie sie in anderen Ländern zu finden sind, sind auch in Deutschland denkbar geworden.

Schließlich sind die dritte und vierte Generation nach der Shoah mittlerweile erwachsen geworden. Sehr unterschiedliche Familiengeschichten und Bezüge auf die Shoah kommen zusammen. Wenngleich die Shoah und die Erinnerung daran immer eine Rolle spielt, formulieren Jüd*innen Kritik daran, auf eine Opferrolle reduziert zu werden. Ein großer Wunsch jüngerer Jüd*innen ist es, dieser reduzierten Wahrnehmung die Vielfalt jüdischen Lebens entgegenzustellen. Das soll zugleich nicht relativieren, dass jüdisches Leben in Deutschland nach wie vor von existenziellen Unsicherheiten geprägt ist.

Zahlreiche künstlerische und politische Interventionen, die sich in erster Linie mit Identitätsfragen beschäftigen, sind in Theatern, in Feuilletons, im Fernsehen, auf Podien, in Museen, Publikationen und im Internet zu finden. Zu denen, die sich dort äußern, gehören zum Beispiel Anna Shapiro, Anastassia Pletoukhina, Julia Yael Alfandari, Max Czollek, Arkadij Khaet, Lea Wohl von Haselberg, Daniel Donskoy, Benjamin Fischer, Dmitrij Kapitelman, Nele Pollatschek, Dana von Suffrin, Chajm Guski, Debora Antmann oder Juna Grossmann, um nur einige der dritten und vierten Generation zu nennen.[10]

Ein Format, das Raum für Auseinandersetzungen zwischen jüdischen und nichtjüdischen Positionen bietet, ist die Zeitschrift *Jalta – Positionen zur jüdischen Gegenwart*. Ziel der Arbeit mit *Jalta* ist, Raum für Reflexionen über die jüdische Gegenwart zu bieten, die nicht nur auf Identitätsfragen reduziert werden, sondern darüber hinaus auch gesellschaftspolitische Debatten aufgreifen, historische Fragen reflektieren und weiterdenken. So sind zuletzt Ausgaben zur Vereinigung (»Ver|Un|Einigung« [2019]) und zu Übersetzbarkeit (2020) erschienen. 2022 erscheint eine Ausgabe zum Anschlag in Halle 2019 mit dem Titel »NACHHALLE«. Mit *Jalta* wurde ein Ort geschaffen, an dem die zahlreichen Positionen jüdischer und nichtjüdischer Intellektueller und Aktivist*innen in ihren Entstehungs- und Denkzusammenhängen wahrnehmbar sind und miteinander verbunden werden können, statt nur vereinzelt in der deutschen Öffentlichkeit repräsentiert zu sein.

Immer hörbarer wird TaMaR Deutschland,[11] die Nachfolgeorganisation von »Jung und Jüdisch«, einer Grassroots-Organisation, die sich Ende der 1990er gründete. TaMaR versteht sich als Ort für progressives jüdisches Leben und richtet sich insbesondere an junge Erwachsene. Neben Seminaren und Vorträgen veröffentlichte TaMaR in jüngster Zeit mehrere Statements, zum Beispiel »Forderungen jüdischer Stimmen zum Konflikt in Afghanistan«. Im »Offenen Brief zur Causa Walter Homolka und Hartmut Bomhoff« verurteilen die Aktivist*innen von TaMaR Machtmissbrauch und sexualisierte Gewalt und fragen selbstkritisch, wie es dazu kommen konnte und welche strukturellen Veränderungen nötig sind. TaMaR bietet nicht nur einen Ort, an dem egalitäres Judentum außerhalb der Synagoge gelebt werden kann, sondern trägt in der Bereitschaft zur Selbstkritik und der Offenheit für strukturelle Veränderungen jüdischer Institutionen zu progressiven jüdischen Politiken bei.

Ein weiteres Feld ist der politische Aktivismus, wobei auch demokratische Bündnisse mit anderen Minderheiten entstehen sowie die Möglichkeit, jüdische Perspektiven in politischen Bewegungen zu vertreten. Jüd*innen engagieren sich in der Arbeit um den NSU-Komplex und gegen rechten Terror. Insbesondere nach Halle lässt sich eine noch mal stärkere Politisierung von Jüd*innen feststellen. Viele der Überlebenden des Anschlags organisieren sich zusammen mit anderen von rechter Gewalt Betroffenen, gemeinsam treten sie gegen Rassismus und Antisemitismus und für Gerechtigkeit ein.[12] Es gibt seit vielen Jahren zahlreiche Grassroots-Projekte zum jüdisch-muslimischen Dialog, in denen sich Jüd*innen engagieren.[13] Zuletzt berichteten Jüd*innen, die sich als Teil antirassistischer und queer-feministischer Bewegungen verstehen, über ihre Erfahrungen mit Antisemitismus und die Leerstelle jüdischer Perspektiven innerhalb jener Bewegungen.[14] Dabei geht es zum Beispiel um Intersektionalität oder Pluralisierung von Erinnerungskulturen, also um Themen, die nicht nur in politischen Bewegungen diskutiert werden, sondern auch gesamtgesellschaftlich konfliktbehaftet sind.

Auch ist zu erwähnen, dass einige Konzepte, Methoden und Ideen, die in antirassistischen Kämpfen entstanden sind, in der Auseinandersetzung mit jüdischen Identitäten und Selbstermächtigung eine Rolle spielen. Die Reflexion darüber bleibt mit wenigen Ausnahmen häufig aus. Aber gerade die

Empowermentansätze und -strategien, die in jüdischen Kontexten aufgegriffen werden, auch auf institutioneller Ebene, etwa im »Kompetenzzentrum für Prävention und Empowerment«, haben ihren Ursprung dort. Dies zeigt, dass die gesteigerte und erkämpfte Vielfalt in der jüdischen Gemeinschaft nicht als isolierte Entwicklung zu verstehen ist, sondern als Teil der Demokratisierung und Migrantisierung der deutschen Gesellschaft, zu der die jüdische Gemeinschaft gehört. Die zunehmende Selbstverständlichkeit, mit der Minderheiten für ihre Rechte eintreten, partizipieren und Gesellschaft gestalten, beeinflusst auch Jüd*innen und ihr Selbstbewusstsein sowie ihre Forderungen nach innerjüdischer und gesamtgesellschaftlicher Demokratisierung.

Nicht zuletzt möchte ich hervorheben, dass all diese Geschichten und Verständnisse jüdischen Lebens und jüdischer Vielfalt auf die unermüdliche Arbeit vorheriger Generationen zurückgreifen, die auch heute noch aktiv sind und zum Teil jüdische und nichtjüdische Institutionen und Organisationen mit aufgebaut haben. Vor allem die 1990er waren die Jahre des Aufbruchs. Das Bedürfnis nach Partizipation – religiöser und politischer – gerade von Frauen* und queeren Personen war groß. So wurden in den 1990er Jahren erste egalitäre Minjanim gegründet, in denen Frauen* nicht nur zum Minjan zählten, sondern auch Gottesdienste leiteten, in denen queere Personen willkommen waren oder Diskussionen über Patrilinearität möglich waren. Künstlerische Interventionen und Ausstellungen richteten sich gegen die Selbstgefälligkeit deutscher Erinnerungskultur, mitten im nationalen Einheitstaumel und der rassistischen Gewalt der 1990er Jahre. Auch in der zweiten Generation wurde mit der zugeschriebenen Opferrolle gerungen und nach einer Möglichkeit gesucht, Judentum mit Lebendigkeit und Freude zu füllen.[15] Mit Bet

Debora wurde ein europäisches Netzwerk jüdischer Frauen gegründet, das bis heute aktiv ist und auf Tagungen Raum für eine intellektuelle und praktische Auseinandersetzung mit Frauenperspektiven und Judentum ermöglicht.

Viele der Aktiven wurden damals aus den Gemeinden ausgeschlossen. Ihr Engagement wurde weitgehend ignoriert, mitunter sorgte es für Empörung. Es fand kaum Eingang in die Erzählung der jüdischen Gemeinde und der jüngeren jüdischen Geschichte. Dennoch prägen Arbeit und Denken dieser Generation die Gegenwart: einmal, weil viele von ihnen wie Jalda Rebling, Anna Adam, Sharon Adler, Anetta Kahane, Esther Dischereit, Micha Brumlik, Cilly Kugelmann und viele andere nach wie vor aktiv sind und in vielfältiger Weise wirken; aber auch, weil ihr Engagement in den 1990er Jahren und davor den Grundstein dafür gelegt hat, dass die Generation jüngerer Erwachsener heute nicht um alles kämpfen muss, sondern auf bereits liberalisierte und demokratisierte Strukturen sowie ein vielfältiges Wissen zurückgreifen kann.

## Defizite

Ist doch toll, dass so viel passiert ist, dass Vielfalt anerkannt wird und an so vielen Stellen sichtbar ist. Oder? Ich finde es in der Tat schön zu sehen, dass jüdische Räume in Deutschland offener werden und Widersprüche zunehmend diskutiert werden können. Ich sehe es als das Ergebnis zahlreicher Kämpfe, schmerzhafter (Ausschluss-)Erfahrungen und gesamtgesellschaftlicher Demokratisierung.

Aber es wäre eine einseitige Angelegenheit, hier eine Erfolgsgeschichte zu schreiben, ohne kritisch und – für mich gesprochen – auch selbstkritisch über die Defizite, Leerstellen und Konflikte nachzudenken. Von dort wird es möglich, für weitere Veränderungen gegen die bestehenden Machtverhältnisse zu kämpfen und damit innerjüdisch wie gesamtgesellschaftlich zu einer gesteigerten Demokratisierung beizutragen; also zu einer Gesellschaft, in der es Raum für ein offenes, emanzipiertes Judentum gibt, das sich in vielfältiger Weise zeigt.

Gegen eine Erfolgsgeschichte und für ein Weiterdenken und -handeln stehen die folgenden Thesen:

## Thesen

### *Gender-Mainstreaming vs. feministische Kritik*

Frauenförderung und Frauenpolitik sind mittlerweile auch in den größeren jüdischen Verbänden und Studierendenorganisationen angekommen. Das Empowerment jüdischer Frauen* und die Vielfalt ihrer Lebensentwürfe stehen dabei im Vordergrund. Eine orthodoxe Rabbinerin, eine jüdische DJane und Transpersonen können eingeladen werden. Fragen von Karriere und Familie werden thematisiert. Frauen* vernetzen sich.

Allerdings ist bei diesen und ähnlichen Veranstaltungen die weitergehende (feministische) Kritik an Machtverhältnissen und Verteilungsfragen oft nicht präsent. Der Blick auf die Repräsentationsebene in den großen Verbänden zeigt: Es entscheiden vor allem ältere Männer über Ressourcen und Deutungen jüdischen Lebens in Deutschland. Forderungen nach einer Demokratisierung von Repräsentation, Partizipation und Verteilung werden nicht gestellt. Das Problem patriarchaler Strukturen prägt im Übrigen nicht nur die konservativen Verbände, sondern auch liberal-progressive und pluralistische Institutionen. Es ist eine große Aufgabe, die dominierenden männerbündischen Politiken und die damit einhergehende Machtmonopolisierung durch partizipative, egalitäre und demokratische Strukturen zu ersetzen.

### *Vergessene Kämpfe*

Bei allem Aktivismus zu queerem Judentum, zu Feminismus, gegen rechten Terror und gegen Rassismus – eines ist oft abwesend: der Bezug auf Kämpfe, die andere (jüdische) Aktivist*innen bereits in der vorherigen Generation gekämpft haben. So gibt es in Deutschland Rabbinerinnen, Kantorinnen, Intellektuelle und Aktivist*innen, die die Grundlage für den heutigen Feminismus gelegt haben; oder egalitäre Minjanim, die mit großen materiellen und zeitlichen Ressourcen sowie viel Engagement der Mitglieder aufgebaut wurden. Auch der Kampf gegen rechten Terror ist kein neues Thema, es ist nur seit dem Anschlag in Halle wieder verstärkt präsent. Das Engagement gegen Rechts heute knüpft an die Kämpfe von Überlebenden der Shoah, ehemaligen Exilant*innen und Solidarisierten an: an ihre Kämpfe um Entnazifizierung, Demokratisierung und Gerechtigkeit.

Allerdings beziehen sich junge jüdische Aktivist*innen der Gegenwart selten auf diese Kämpfe – denn sie wissen kaum um sie. Die Geschichten werden nicht erzählt, ihre Relevanz für die gegenwärtigen Möglichkeiten des Handelns wird nicht gesehen. Dabei könnte man sich mit Bezug auf gekämpfte Kämpfe eine Geschichte von Widerstand und Demokratie aneignen und den Blick für gegenwärtige Ungleichheiten in ihrem Gewordensein schärfen.[16]

### *Gap zwischen den Generationen*

Mit dem Mangel an Bewusstsein für die bereits geführten Kämpfe und der fehlenden Kenntnis über jüdisches Leben in Deutschland geht auch ein Gap zwischen den Generationen einher. Insbesondere zu progressiven Themen fehlt der Austausch. Besonders sichtbar wird dies an den Auseinandersetzungen um Antisemitismus und Meinungsfreiheit. Während nicht wenige aus der älteren Generation sich zum Beispiel an Unterschriftenaktionen und offenen Briefen an der Mbembe-Debatte beteiligten, bleiben jüngere Intellektuelle und Aktivist*innen meiner Generation eher still.[17]

Nicht nur in der Öffentlichkeit gibt es wenig bis gar keinen Austausch über kontroverse Themen. Auch außerhalb der Feuilletons und der sozialen Medien kommt es selten zum (Streit-)Gespräch. Denn die Positionen lassen sich – anders als das die konservativen Kritiker*innen häufig suggerieren – nicht auf Entweder-oder-Positionen reduzieren.

Hier muss auch angemerkt werden, dass die Unterscheidung der zweiten und dritten Generation beispielsweise Zwischengenerationen verdeckt und damit auch ihre Positionen zu jüdischer »Normalität«. Diese wollen zum Teil eben gerade nicht sichtbar werden, nicht die Deutungshoheit über jüdisches Leben einfordern oder alles erklären. Ihre Zwischentöne fehlen mir im öffentlichen Ringen um jüdische Deutungshoheiten zwischen den Generationen, aber auch zwischen verschiedenen politischen Haltungen.

Ich sehe im Zusammenbringen historischer und politischer Reflexionen der sogenannten zweiten und dritten/vierten Generation[18] sowie derer, die dazwischen stehen, einerseits die Möglichkeit, ein Verständnis für die jeweiligen jüdischen Positionen zu entwickeln. Andererseits sehe ich darin auch die Chance, Visionen jüdischer Politiken und jüdischer Zukunft zu entwickeln, die über die sich verstärkenden konservativ geprägten Freund-Feind-Bilder hinausweisen und Raum für progressive Alternativen schaffen.

### *Identitätsbezogene Ausschlüsse*

Ausschlüsse einzelner Personen oder bestimmter Gruppen prägen nach wie vor die jüdische Gegenwart in Deutschland. Zu nennen wären zum Beispiel sogenannte patrilineare Jüd*innen, die nach wie vor keine Mitglieder in jüdischen Gemeinden in Deutschland werden können. Ihnen wird zum Teil öffentlich das Recht abgesprochen, sich als Jüd*innen zu positionieren, wie die Debatte aus dem Spätsommer 2021 zeigte. Man kann natürlich religiös gesehen unterschiedlicher Auffassung darüber sein, welchen Stellenwert die Halacha hat. Allerdings geht es hier gar nicht ausschließlich um religiöse Fragen.

Jüdische Lebensrealitäten und Biographien in Deutschland sind von Brüchen und Widersprüchen geprägt. Darauf könnte man empathisch reagieren und sich überlegen, wie man einen inklusiven Raum dafür schafft. Denn auch sogenannte Vaterjüd*innen sind von Antisemitismus betroffen, sind oft Nachfahren von Shoah-Überlebenden und leben mit entsprechender Last. Viele leben zudem jüdische Traditionen, die ja nicht unbedingt religiös geprägt sein müssen, und tragen so zur vielbeschworenen jüdischen Vielfalt bei.

Es braucht mehr Räume, in denen über den Schmerz, die

Widersprüche und die Komplexität offen gesprochen werden kann,[19] sowie Orte für ein ernsthaftes, selbstkritisches Nachdenken über Ungleichheiten und Ausschlüsse. Damit muss eine Veränderung von ausschließenden institutionellen Strukturen einhergehen.[20]

### *One-Man-Shows*

Die Bühnen für Jüd*innen, auf denen sie als Jüd*innen in der Öffentlichkeit sprechen können, sind zahlreich. Es besteht ein reges Interesse an jüdischen Biographien und jüdischem Leben.[21] Dieses Interesse ist einerseits eine wichtige Entwicklung. Jahrzehntelang wurden beispielsweise die Erfahrungen von Jüd*innen mit Antisemitismus gar nicht erst abgefragt. Auch dass es mittlerweile ein Interesse an jüdischem Leben gibt, das nicht nur auf Antisemitismus, den Nahostkonflikt oder die Shoah begrenzt ist, ist das Ergebnis langjähriger Forderungen und Kritik.

Gleichzeitig wissen einige, diese Aufmerksamkeit für sich zu nutzen, und bauen ihre Karrieren auf identitätsbezogenen Zuschreibungen auf. So kritisch die Interventionen zum Beispiel in der Erinnerungskultur und in postnationalsozialistischen Verhältnissen auch angelegt sein mögen: Der Boden dieser Kritik ist dünn, denn die Bedingung dafür, gehört zu werden, ist, als Jüdin dem Interesse an Jüd*innen zu entsprechen: also stets bestimmten Rollenerwartungen der nichtjüdischen Öffentlichkeit zu entsprechen.

Die Öffentlichkeit interessiert sich besonders für Einzelpersonen. Die Komplexität geht dabei leider oft verloren (zum Beispiel in der verkürzten Gegenüberstellung von »den Juden« und »den Deutschen«). Steht die einzelne Person mit ihrer vermeintlich allein entwickelten Kritik im Mittelpunkt, bleiben differenzierte Analysen, Themen und Inhalte meist im Hintergrund. Auch der soziale und historische Kontext, in dem Gedanken und Reflexionen stattgefunden haben, gerät aus dem Blick. Die Kritik der Einzelnen steht und fällt mit ihrer Rolle als Jüdin.

Die jüdischen One-Man-Shows im Fernsehen, in Feuilletons, auf Theaterbühnen und in Essays jedenfalls haben alle ein Geschmäckle, denn sie rechnen mit einem Publikum, das sich auf streitbare Jüd*innen freut, die Dinge sagen, die weitgehend ohne Konsequenzen bleiben.

Mehr Gewicht könnten Inhalte bekommen, würden sie nicht so stark auf die Aufmerksamkeit und das Interesse der Öffentlichkeit gerichtet und weniger an Einzelne gebunden werden. Gesellschaftskritik, unter anderem aus jüdischen Perspektiven, ist ein kollektives Anliegen, das auch daran bemessen werden kann, dass die Kritik nicht an die identitätsbezogene Zuschreibung gebunden ist, sondern (selbst-)kritisch darüber hinausweist (und dabei mit den öffentlichen Erwartungen bricht!).

### *Kampf um jüdische Deutungshoheiten in der deutschen Öffentlichkeit*

Auch wenn die Vielfalt jüdischen Lebens mittlerweile eine Art Konsens ist, heißt das nicht, dass nicht um die Deutungshoheit gerungen wird. Wer als Jüdin sprechen darf, ist umkämpft, und es gibt auf der Grundlage unterschiedlicher politischer Haltungen innerhalb der jüdischen Gemeinschaft Konflikte darüber, wer sich wie äußern darf. Denn obwohl jüdischen Stimmen in Deutschland verhältnismäßig viel

Aufmerksamkeit geschenkt wird, sind die Sprechpositionen und die damit einhergehende Handlungsmacht recht beschränkt.

Insbesondere im Hinblick auf kritische und progressive Perspektiven gibt es häufig Versuche von konservativer Seite, diese Positionen zu delegitimieren, indem Deutungshoheit darüber beansprucht wird, wer überhaupt als »jüdisch« gehört werden darf. Nicht zu bestimmten Veranstaltungen eingeladen zu werden, ist dabei das eine. Die schwierige und für viele schmerzhafte Erfahrung ist aber, wenn man Ausschlüsse erfährt, weil man sich kritisch äußert. Das kann zum Beispiel bedeuten, aus jüdischen Räumen ausgeschlossen zu werden, die immer auch Sicherheit vor Antisemitismus bedeuten. Man ist also sowohl innerjüdisch als auch als Jüdin in der Dominanzgesellschaft in einer vulnerablen Position und kann sich der Solidarität nicht sicher sein.

Nicht zuletzt sind die Delegitimierungsversuche auch Ausdruck der nach wie vor unsicheren Situation von Jüd*innen in Deutschland. Die großen Verbände können sich der Solidarität vonseiten der Politik relativ sicher sein, aber eben nie ganz sicher. Das rechtfertigt meiner Auffassung nach allerdings nicht, kritische Stimmen unterbinden zu wollen – im Gegenteil, eine innerjüdische Demokratisierung würde dazu beitragen, die Position der jüdischen Gemeinschaft in der demokratischen Gesellschaft zu stärken.

## Eröffnung der Diskussion

Diese Thesen können als Grundlage für eine Diskussion über Machtverhältnisse innerhalb der jüdischen Gemeinschaft und eine (selbst-)kritische Reflexion über jüdischen Aktivismus und dessen Bedingungen und Ziele verstanden werden. Sie weisen auf sehr verschiedene Ebenen der Auseinandersetzungen und Konstellationen hin, in denen jüdisches Leben verhandelt und gelebt wird. Es bedarf vielleicht an manchen Stellen eines Vorwissens oder einer längeren Beschäftigung mit den laufenden Diskussionen, um die vielschichtigen Ebenen, auf die ich mich mit den Thesen beziehe, zu verstehen. Hierfür kann eine Sensibilität entwickelt werden, die von vornherein mit Widersprüchen rechnet.

Um noch mal zum Anfang und der Frage nach jüdischer Vielfalt zurückzukommen: Auch meine eigene eingangs geschilderte Erfahrung war meines Erachtens nach der Versuch, mich als junge kritische Wissenschaftlerin einzuschüchtern. Statt mich als Konsequenz aus dieser Erfahrung zurückzuhalten, habe ich mich mit den zugrundeliegenden Machtverhältnissen beschäftigt. Dieser Text ist ein Ergebnis dieser Beschäftigung. Neben dem Ziel, meine kritischen Interventionen zu verhindern, war der Versuch, mich einzuschüchtern, auch ein Ausdruck der patriarchalen Verhältnisse, die den großen Verband nach wie vor prägen. Ich stelle mir die Frage: Warum schaffen »wir« – Feminist*innen – es nicht, gemeinsam noch wirksamer gegen die patriarchalen Verhältnisse in der jüdischen Gemeinschaft einzutreten?

Daran anknüpfend: Es reicht nicht, von jüdischer Vielfalt zu reden und diese als ein buntes Bild von vielen unterschiedlich aussehenden und praktizierenden Jüd*innen zu feiern. Die Lobgesänge auf Pluralismus und Vielfalt sind zwar einerseits Ausdruck der zunehmenden Liberalisierung von Gesellschaft. Aber sie bergen eben auch die Gefahr, kulturelle Veränderungen zu feiern, während sich institutionell wenig ändert. Dabei werden Widersprüche verdeckt, was verhindert, dass sie ausgehandelt werden.

Wenn wir von Vielfalt und im besten Fall damit einhergehend auch von Demokratisierung sprechen wollen, müssen wir zugleich von antidemokratischen Einstellungen und Politiken, von Gewalt und Machtmissbrauch sprechen. Diese stehen im Widerspruch zu dem schönen Nebeneinander unterschiedlicher Lebensweisen. Auch in der jüdischen Gemeinschaft zeigt sich die gesamtgesellschaftliche Polarisierung, zum Beispiel durch rechte und rassistische Positionen. Die Gruppe der »Juden in der AfD« vertritt diese explizit und öffentlich. Gegen sie positionieren sich, wie bereits erwähnt, breite jüdische Bündnisse. Allerdings genügt das nicht. Denn man muss sich klarmachen, dass antidemokratische Einstellungen eben nicht nur ein »Extremfall« sind, sondern dass sie in der jüdischen Gemeinschaft so verbreitet sind wie in der Gesamtgesellschaft. Vermeintlich harmlose Diskussionen um Migration und Abendland schließen an neurechte Diskurse an. Auch verschwörungstheoretische Positionen gehören dazu, um nur einige Beispiele zu nennen.

Schließlich: Vielleicht ist ein Problem in der Auseinandersetzung mit jüdischer Vielfalt die so vieles dominierende Kategorie der Sichtbarkeit. Nicht zuletzt kann ein Nachdenken über die Selbstbilder der unterschiedlichen Generationen die Frage aufwerfen, ob jüdische Sichtbarkeit eigentlich die Grundlage für ein selbstbewusstes jüdisches Leben sein muss. Nur weil mehr Sichtbarkeit besteht, bedeutet das nicht, dass mehr Partizipation, Gleichberechtigung oder Umverteilung möglich sind. Das Ringen um mehr Sichtbarkeit kann den Blick einschränken und viele Ressourcen ziehen. Man lässt sich darauf ein, sich auf eine bestimmte Identität zu beschränken, und macht sich zugleich davon abhängig.

Eine Alternative hierzu ist, die Aufmerksamkeit auf Widersprüche zu richten. Natürlich prägt die Erfahrung, als

Jüdin in Deutschland zu leben, den eigenen Blick. Und man kann davon ausgehend eine Sensibilität für Antisemitismus im Konkreten, aber auch für Rassismus und andere Diskriminierungen entwickeln. In dem Moment, in dem man über die Logik von jüdischen Institutionen, über die Erwartungen und Rollenbilder hinausdenkt, sie hinterfragt und kritisiert, geht es nicht mehr nur um identitätsbezogene Sichtbarkeit und Selbstbilder, sondern vor allem um Haltung. Auf dieser Basis kann Kritik formuliert werden, die in einem emanzipatorischen Sinne ein besseres Zusammenleben in einer demokratischen Gesellschaft möglich macht: Und das bedeutet auch, stetig darum zu ringen, die jüdischen Institutionen zu demokratisieren.

## Anmerkungen

1 Peaceman, Hannah: Jüdische Kollektivität in Deutschland – Heterogenität als Potential für Gemeinschaftsbildung, in: Lezzi, Eva / Belkin, Dimitrj / Hensch, Lara (Hg.): Neues Judentum, altes Erinnern? Zeiträume des Gedenkens, Berlin 2017, S. 117–133.

2 https://2021jlid.de/

3 https://www.kulturelle-integration.de/aktuelles/fotowettbewerb/

4 Die Bundeszentrale für politische Bildung hat im letzten Jahr eine Sammlung von Texten und anderen Formaten zusammengestellt, in denen die Vielfalt gezeigt wird: www.bpb.de/themen/zeit-kulturgeschichte/juedischesleben/ (2021/2022)

5 www.jsud.de

6 www.keshetdeutschland.de

7 www.jewish-women.de

8 Als Ergänzung hierzu: Peaceman, Hannah: Jüdische Vielfalt in Deutschland: Alternative und emanzipatorische Räume; Beitrag für ein Online-Dossier der Bundeszentrale für politische Bildung: www.bpb.de/geschichte/zeitgeschichte/juedischesleben/328962/alternative-und-emanzipatorische-raeume (2021)

9 Peaceman, Hannah: Einigkeit um jeden Preis? Ein Plädoyer für mehr Machloket, in: Fegert, Jonas / Frank, Jo / Homolka, Walter (Hg.): »Weil ich hier leben will, … «, Freiburg 2018, S. 110–131.

10 Einige dieser Stimmen sind nicht in den jüdischen Gemeinden zu Hause, können und/oder wollen auch keine Mitglieder werden, weil die Strukturen nach wie vor zu eng sind. So erklärt es sich auch, dass der Zentralrat der Juden mit rund 100 000 Gemeindemitgliedern nur etwa die Hälfte der in Deutschland lebenden Jüd*innen erfasst: Schätzungsweise sind es aber 200 000.

11 www.tamargermany.de

12 Siehe zum Beispiel die Rede von Naomi Henkel-Gümbel und Newroz Duman (Initiative 19. Februar), die die beiden im Jahr 2021 als »Möllner Rede im Exil« gehalten haben: www.youtube.com/watch?v=39oG_oOPFpk

13 Ein Ergebnis dieser Arbeit war der offene Brief zahlreicher jüdischer und muslimischer Initiativen mit dem Titel »Wir lassen uns nicht trennen«, der im Mai 2021 während der Eskalation des Nahostkonflikts veröffentlicht wurde: www.wirlassenunsnichttrennen.de/die-unterzeichner-innen/

14 Zuletzt erschienen ist zum Beispiel: Coffey, Judith / Laumann, Vivien: Gojnormativität. Warum wir anders über Antisemitismus sprechen müssen, Berlin 2021.

15 Siehe hier die Anliegen der Gruppe Meshulash: http://www.berlin-judentum.de/gruppen/meshulash.htm.

16 Ein weiterer Verbindungspunkt wäre der zu migrantischen Selbstorganisationen und den dort geführten Kämpfen. Eine Annäherung steht noch am Anfang. Nach dem rechtsterroristischen Anschlag von Halle haben sich die Verbindungen, insbesondere zwischen den Betroffenen und Überlebenden rassistischer und antisemitischer Anschläge, entwickelt, was auch zu einer Politisierung breiterer Teile der jüdischen Gemeinschaft beigetragen hat.

17 In der Mbembe-Debatte fehlten die Zwischentöne, die wissenschaftlichen Perspektiven, die Widersprüche in den Texten, aber auch in der zugehörigen Diskussion hätten herausstellen können. Caspar Battegay z. B. ist das in seinem Text »Postkolonialismus und jüdisches Denken. Anmerkungen zur Debatte um Achille Mbembe« sehr gut gelungen, https://geschichtedergegenwart.ch/postkolonialismus-und-juedisches-denken-anmerkungen-zur-debatte-um-achille-mbembe/

18 Ich verwende diese Begriffe ausdrücklich inklusiv und meine damit nicht ausschließlich die Nachfahren von Shoah-Überlebenden, sondern Jüd*innen dieser Generationen, die mit vielfältigen Familiengeschichten die Gegenwart prägen.

19 Sogenannte Safer Spaces bietet zum Beispiel das »Kompetenzzentrum für Prävention und Empowerment« an.

20 Dieser Prozess ist schon im Gange, wie ebenfalls die Debatte um Patrilinearität zeigte. Die Aussagen gegen patrilineare Jüd*innen durch den Zentralrat im Jahr 2021 stehen früheren Veranstaltungen zu diesen Themen, der Öffnung von Machanot auch für patrilineare Jüd*innen und der Schaffung erleichterter Übertrittsmöglichkeiten (»Statusanerkennung«) entgegen.

21 Mit dem regen Interesse an Interviews und Anfragen an Jüd*innen geht manchmal auch einher, dass die Identität so stark im Fokus steht, dass über Mangel an Expertise hinweggesehen wird.

# ERBE

# MUTTERSCHAFT UND RESILIENZ / DIE KRAFT, LEBEN ZU GEBEN

*Rebecca Blady*

Im Herbst 2017 begann für mich das dritte Ausbildungsjahr an der Rabbinatsschule in New York. Diesen Weg einzuschlagen und Rabbinerin zu werden, hatte mich in eine spirituelle Krise gestürzt. Ich hatte erwartet, dass ein jahrelanges Studium des jüdischen Rechts und des Talmuds am orthodoxen Frauenseminar mich zwar fordern, mir aber auch die notwendige Sicherheit und Stärke für die kommenden Aufgaben geben würde. Doch inzwischen konnte ich mir nur noch schwer vorstellen, welche Menschen von all dem trockenen juristischen Wissen, das ich anhäufte, profitieren sollten. Wer, abgesehen von meiner Mutter, einer begeisterten Gemara-Leserin, würde mir jemals solch hochspezifische Fragen darüber stellen, wie der Tee am Schabbat richtig zu trinken sei oder wo die Grenze zu ziehen sei, wenn versehentlich ein Stück Speck in die Gemüsesuppe gefallen ist? In den Kreisen, in denen ich verkehrte, hatten die Menschen ganz unterschiedliche Einstellungen zur jüdischen Identität und zum tagtäglichen jüdischen Leben – die spezifischen Vorgaben der Halacha spielten in ihrem Leben jedoch nur selten eine Rolle.

Mein Mann befand sich zur selben Zeit ebenfalls in der Rabbinerausbildung und machte eine ähnlich schwierige Erfahrung. Er liebte die Feinheiten des Gesetzes und genoss das intensive Talmudstudium, aber die lebensweltlichen Implikationen, die mit einem Studium an einer Institution verbunden waren, an der die Studierenden bestimmte Erwartungen an ihr Verhalten erfüllen und Normen folgen sollten, widersprachen seinem persönlichen Wertesystem und standen oft auch im Widerspruch zu seinem moralischen Kompass. Zusammen gaben wir ein ziemlich desolates Paar ab.

Entsprechend wichtig war es für uns zu dieser Zeit, unser Möglichstes zu geben, um mehr Vitalität und Sinn in unser Leben zu bringen: Wir starteten den Versuch, ein Kind zu zeugen.

Da ich schon einige Zeit gemeinsam mit Frauen aller Altersgruppen studierte, die sich noch dazu in unterschiedlichen Lebensphasen befanden, wusste ich, dass eine Empfängnis oft mit Schwierigkeiten verbunden ist. Ich hätte nie erwartet, dass ich sechs Wochen nach meiner letzten Periode einen positiven Schwangerschaftstest in den Händen halten würde. Es war kurz nach Jom Kippur, meinem Lieblingsfeiertag. Zu dieser Zeit verbrachte ich den Tag am liebsten inmitten meiner Gemeinde in Brooklyn, die gemeinsamen Gebete vermittelten mir ein Gefühl der Geborgenheit und Bereicherung. Im Jahr zuvor hatte ich zum Ende des Feiertags eine Predigt gehalten, die dreierlei zum Thema gehabt hatte: die Freude über meine Hochzeit, die Bedeutung spiritueller Läuterung und die Lehren des aus dem Talmud bekannten Weisen Hillel.

»Wenn ich nicht für mich bin, wer ist dann für mich? Wenn ich nur für mich bin, was bin ich? Wenn nicht jetzt, wann dann?«[1]

Einst hat der auch als Chidduschei haRim bekannte Rabbiner Jitzchak Meïr Rothenberg Alter – der erste Rabbiner und geistige Führer der chassidischen Ger-Dynastie – an einem Abend zu Jom Kippur seine Schüler gelehrt, wie diese Aussage zu interpretieren ist:

»Und wenn man sich in die Gesamtheit tut, empfängt man von der Gesamtheit; man empfängt von ihr noch mehr, als man in sie tut. So kann man von seinem Jetzt noch von dem Jetzt des andern erhalten, von dem Guten, das er in diesem Jetzt vollbringt. ... Sollte ich, was Gott verhüte, von der Gesamtheit abgetrennt sein, wann werde ich mein Jetzt gutmachen können? Man kann dieses Jetzt von keinem andern Jetzt gutmachen lassen, denn jeder Augenblick ist in einem besonderen Lichte eingeschränkt.«[2]

An jenem Jom Kippur in Brooklyn war ich ganz in das Jetzt versunken, vollauf verankert in meinen seinerzeit aktuellen Bedürfnissen und Zielen. Obwohl ich ein Gefühl der spirituellen Beschränkung verspürte, fühlte ich auch eine gewisse Klarheit darüber, wie ich ein Leben führen würde, das an einer aus eigener Kraft geschaffenen Bedeutung und Liebe ausgerichtet wäre. Ich würde dies mit einem Beitrag zum Jetzt meiner Gemeinschaft tun und indem ich alle Weisheit und Energie spenden würde, die ich aufbringen konnte – und indem ich für ein neues kleines Leben beten würde, das mich aus meinen trüben Gedanken herausholen würde. Ich sah es als notwendig an, meine Aufgabe neu zu definieren, und zwar so, dass für andere da zu sein wirklich im Zentrum stünde.

Ich schrieb diese Predigt am 9. Oktober 2016. Am 4. Oktober 2017 wurde mir klar, dass ich schwanger war. Am 12. Oktober 2017 war ich nicht länger schwanger.

*

In meinem Seminar war das Lernen fortwährend von einem Klangteppich aus fauchenden Milchpumpen und dem Geräusch einer Drehtür untermalt, durch welche studierende Mamas die Kinderwagen mit ihren Babys schoben. In einem Raum voller religiöser jüdischer Frauen war das geradezu unvermeidlich, denn viele von ihnen hatten während ihrer Zeit am Rabbinerseminar eine Familie gegründet. Ich fühlte mich rettungslos verloren.

Eines Tages wurde mir das alles zu viel. Ich explodierte.

> »Das macht mich noch verrückt. Wo ich auch hinsehe: das, was ich verloren habe. Ich halte es hier nicht aus«, rief ich in einen Raum mit acht meiner Mitstudentinnen – ein Kreis, in dem wir uns regelmäßig trafen, um die Erfahrung zu verarbeiten, dass wir weibliche Rabbiner werden würden, und das in einem komplexen, zukunftsweisenden orthodoxen Umfeld. »Warum haben wir das zugelassen? Warum traumatisieren wir uns ständig gegenseitig? Was ist das für ein Umfeld hier? Was haben wir getan?«

Was hatten wir getan? Tatsächlich hatten wir eine der ersten Bildungseinrichtungen in der Welt geschaffen, die das Familienleben als wesentlichen Bestandteil des individuellen Prozesses ansah, das Wissen über die Thora zu vertiefen. Das war eine bemerkenswerte Leistung, aber damals konnte ich das nicht erkennen. Außerdem war ich – was mich selbst nachhaltig schockierte – im vierten Monat schwanger. Abermals.

Nach meinem Ausbruch herrschte Stille, und eine der Frauen sah sich veranlasst, mitsamt ihrer Milchpumpe den Raum zu verlassen, da sie sich dafür verantwortlich fühlte, das Trauma meiner Fehlgeburt fortzuschreiben. Dieses Trauma wiederum spiegelte keine andere Wahrheit wider als mein eigenes fehlendes Vertrauen in meinen Körper, ein möglicherweise noch tiefer gehendes Misstrauen gegenüber meiner Fähigkeit, Leben hervorzubringen, sowie meine Skepsis gegenüber meiner eigenen Widerstandskraft im Angesicht eines Verlustes.

Dennoch schritten meine Schwangerschaft und mein Studium voran. Im siebten Monat suchte ich therapeutische Hilfe bei einer Psychiaterin, die sich auf eine Krankheit spezialisiert hatte, von der ich gar nicht gewusst hatte, dass es sie gab: die Schwangerschaftsdepression. Im achten Monat ließ ich mir zum ersten Mal in meinem Leben Antidepressiva verschreiben und löste das Rezept auch ein. Ich begann, das wachsende Leben in mir willkommen zu heißen. Ich würde Mutter werden. Ich würde den Zweck meines Jetzt erfüllen. Ich hatte die Chance – und ich wollte sie ergreifen –, jemand anderem mein Leben zu widmen, mein Leben hinzugeben für etwas, das größer und bedeutender war als ich selbst.

Am 4. Juli 2018, morgens um 6.32 Uhr, hockte ich, begleitet von meinem phantastischen Unterstützungsteam aus Hebammen, einer Doula und meinem Ehemann, auf einer Matratze auf dem Boden eines winzigen Zimmers in unserer Wohnung in Brooklyn. Die ersten Sonnenstrahlen brachen durch die Wolken und schienen durch das rautenförmige Fenster des Zimmers. Wie in Trance versetzt durch die Wellen der Wehen, mitsamt dem Erbrochenem und meiner eigenen Kacke, brachte ich meine älteste Tochter zur Welt. Als sie hervorkam, tat sie das singend.

*

Resilienz ist die Fähigkeit, angesichts von Verlusten, Traumata und Herausforderungen immer wieder zu eigener Kraft zu finden, und sie ist ein lebenslanger Prozess. Meine Geschichte der Resilienz enthält einige Höhepunkte; Mutter zu werden ist sicherlich einer davon. Resilienz ist keine Charaktereigenschaft, die ich für mich selbst gewählt habe. Sie ist kennzeichnend dafür, wer ich bin und wie ich lebe.

Ich kam circa zehn Monate nach der Geburt meiner Tochter in Berlin an. Sie, mein Mann und ich zogen in eine Wohnung im vierten Stock in Berlin-Kreuzberg, und wir bereiteten uns darauf vor, unser Heim für die im Entstehen begriffene Gemeinschaft junger Berliner Jüdinnen und Juden zu öffnen, die nach innovativen, bedeutungsvollen, intellektuellen und kreativen Möglichkeiten suchten, um ihrer jüdischen Identität Ausdruck zu verleihen. Während wir noch schwankten zwischen Gefühlen der Leidenschaft für die vor uns liegende Arbeit und der Angst, was die selbstgewählte Entwurzelung aus dem Schoß meiner Großfamilie für uns bedeuten würde, begannen wir unser Vorhaben.

Wie bei meiner Tochter brauchte es Zeit, um dieses Projekt, das wir *Base* nannten, ins Leben zu rufen. In den Monaten vor unserem Umzug hatte ich mich oft gefragt, ob meine Gebärmutter zwei Babys tragen, ob meine Brüste einen winzigen Menschen ernähren und gleichzeitig die Saat einer Idee würden nähren können. Der Wunsch, der jüdischen Gemeinde Mitteleuropas als Rabbinerin bzw. Rabbiner dienen zu wollen, ergab sich für uns ganz selbstverständlich – allerdings für mich und meinen Mann aus unterschiedlichen Gründen. Ich hatte aus meiner Vergangenheit die Geschichte meiner Großeltern zutage gefördert, die auf der Suche nach Schutz vor Gewalt und Vernichtung, der sie nur knapp entkommen konnten, aus dieser Region über Deutschland in die Vereinigten Staaten geflohen waren. Mein Mann hatte zuvor in der Ukraine gelebt und engagierte sich für das russischsprachige Judentum und dafür, neue Wege zu finden, unsere jahrhundertealten Texte weiterzugeben und dabei ihre Tiefgründigkeit zu bewahren.

Schwanger gehen. So wie der Fötus wuchs, so wuchs auch meine Vorstellung von dem, was wir erreichen könnten. Die Vergangenheit und die Zukunft leisteten einander im Schoß meines Jetzt Gesellschaft und entwickelten sich rasch zu lebendigen Wesen mit eigener Agenda. An meinen zweiten positiven Schwangerschaftstest konnte ich kaum glauben (ich machte ihn frühmorgens, während mein Mann noch schlief, und als ich das Ergebnis sah, weckte ich ihn auf und warf den Test nach ihm), so wie ich auch nicht hatte glauben können, dass wir nach Deutschland ziehen würden, bis wir hier angekommen waren. Meine »große« Tochter wuchs außerhalb des Mutterleibs zu einem Menschen heran, der sich selbst mit aufmunternden Rufen anspornen, Quietsche-Spielzeug greifen und zu Musik tanzen konnte. *Base* entwickelte sich zu einem Ort großer Anziehungskraft für Jüdinnen und Juden, die nach etwas anderem, etwas Echtem suchten, einem Zuhause, das es ihnen ermöglichte, wohlbehalten der Schönheit von Gemeinschaft und Religion zu begegnen.

War das alles nur eine Illusion? Es bedeutete für mich eine unermesslich große persönliche Belohnung, dabei zu sein, wie junge Jüdinnen und Juden ihr Erbe kennenlernen und annehmen. Als Immigrantin, die die deutsche Sprache nicht beherrschte, war ich in Bezug auf meine Fähigkeit, mich als jüdische Führungspersönlichkeit vollständig in ihre Welt integrieren zu können, schon etwas naiv an meine Aufgabe gegangen. Mein Mann und ich entwickelten ständig neue Ideen und Projekte, um den Reichtum unserer intellektuellen und kulturellen Tradition erlebbar zu machen. Wir waren begeistert davon, mit Menschen in Kontakt zu treten, etwas über sie zu erfahren und ihnen etwas zu geben, das ihren Bedürfnissen und Interessen entsprach. Nicht zuletzt schufen wir eine Erzählung über die Zukunft: Die Berliner Jüdinnen und Juden hatten mit ihrer Wissbegier, Leidenschaft und Kreativität das Potenzial, die innovativste und attraktivste jüdische Gemeinde in ganz Europa zu erschaffen. Immerhin war Berlin die einzige Stadt mit einem wachsenden jüdischen Bevölkerungsanteil. Wir könnten dazu beitragen, diese Zukunft Wirklichkeit werden zu lassen.

Dann geschah: Halle.

*Übersetzung eines Auszugs aus einer Zeugenaussage vor dem Landgericht Magdeburg, 8. September 2020*
*Schilderung der Ereignisse vom 9. Oktober 2019*

Meine Familie und ich sind nach Halle [an der Saale] gefahren, um an den Gottesdiensten in der Synagoge teilzunehmen. Wenn ich von meiner Familie spreche, beziehe ich mich auf meinen Mann, Rabbi Jeremy Borovitz, und meine Tochter. Im Hinblick auf diesen Prozess und die damit verbundene Medienaufmerksamkeit möchte ich den Namen meiner Tochter lieber anonym halten. Sie war zu diesem Zeitpunkt 15 Monate alt.

Um uns auf die Gebete konzentrieren zu können, baten

mein Mann und ich unsere Babysitterin, aus Berlin zu uns zu stoßen. Unsere Babysitterin kam am 9. Oktober gegen 10.30 Uhr an der Synagoge an und betrat sie durch die Eingangstür. Die Babysitterin nahm meine Tochter und deren Sachen in Empfang, und sie gingen hinaus an die frische Luft. Ihre Pläne waren noch unbestimmt, sie wollten vielleicht einen kleinen Spaziergang machen, vielleicht zu einem Spielplatz gehen oder in ein Kinder-Café. Genug Milch und Snacks für ein paar Stunden hatten sie dabei. Wir rechneten damit, dass der Gottesdienst gegen 14.00 Uhr unterbrochen werden würde, und wenn der Schlafrhythmus unserer Tochter es zuließe, würden die beiden um diese Zeit zurückkehren, so dass die Babysitterin eine Pause machen könnte und wir nachsehen könnten, wie es unserer Tochter ginge. Sie verließen die Synagoge um etwa 10.45 Uhr. Etwa eine Stunde später wurden Schüsse abgefeuert.

Kurz nach 12 Uhr, inmitten der Panik und Verwirrung, rief ich die Babysitterin an, um ihr mitzuteilen, dass es in der Synagoge eine Notfallsituation gab. Sie reagierte nicht. Ich rief sie noch drei weitere Male an, aber sie nahm nicht ab. Ich war außer mir. Es war völlig unklar, was draußen vor sich ging, und ich hatte keine Ahnung, ob die beiden in Sicherheit waren.

Schließlich gelang es mir gegen 12.45 Uhr, sie zu erreichen. Ich teilte ihr mit, dass es an der Synagoge eine Schießerei gegeben hatte und sie dort bleiben solle, wo sie war, nämlich drinnen. Der Schütze war noch nicht gefasst, und wir hatten nur sehr wenige konkrete Informationen.

Wenn ich an diese Momente denke, erinnere ich mich an wenig mehr als an die Panik, die ich angesichts der immer länger werdenden Zeitspanne ohne meine Tochter verspürte. Ich blieb mit der Babysitterin in Kontakt und versuchte herauszufinden, was zu tun sei. Bis etwa 16.00 Uhr hatten wir keine Ahnung, was als Nächstes passieren würde. Dann wurde uns kategorisch mitgeteilt, dass wir hinausgehen müssten.

Inzwischen, nach all den Stunden, hatten wir begonnen, uns in der Synagoge sicher zu fühlen. Ich wollte nicht gehen; ich wollte, dass jemand meine Tochter hereinbringt, und dort bleiben. Ich wollte, dass mir jemand sagt, dass das Gelände der Synagoge aktiv abgeschirmt wird, damit wir in unserem sicheren Hafen bleiben könnten. Ich wollte, dass mir jemand zuhört und versteht, dass es sich bei meiner Tochter und ihrer Babysitterin nicht um Kriminelle handelte, sondern dass eine 15 Monate alte Tochter zweifelsfrei zu ihrer Mutter gehörte. Aber niemand fragte, und niemand war da, um zuzuhören. Stattdessen mussten wir uns fügen. Und uns mit der Polizei herumstreiten, damit wir für später, wenn unser Fasten beendet sein würde, unser koscheres Essen mitnehmen konnten. Und wir mussten kleine Gruppen bilden. Und wir mussten Befehle befolgen. Und eine dieser Anordnungen lautete ausdrücklich, dass meine Tochter und ihre Babysitterin nicht bei uns sein durften, weil sie zum Zeitpunkt des Anschlags nicht bei uns gewesen waren. Für diejenigen unter Ihnen, die in diesem Raum sitzen und mit den Regeln der Polizeiarbeit vertraut sind, klingt es vielleicht vernünftig, dass wir die Synagoge verlassen sollten, da sie ein Tatort war. Aber klingt es für irgendjemanden vernünftig, dass mir die Trennung von meiner Tochter aufgezwungen wurde? Für mich war diese ganze Tortur – vom Angeklagten verursacht und durch den

Polizeieinsatz noch verschlimmert – extrem traumatisch. Was ich empfand, war die normale Reaktion einer Mutter, die Angst davor hat, von ihren Kindern getrennt zu werden.

Aber ich trage auch das von meiner Großmutter an mich weitergegebene Trauma in mir, wie es für sie war, ihre Mutter am Eingang von Auschwitz zu verlieren. Und auch das geschah auf offizielle Anordnung.

Wir mussten also in unseren jeweiligen kleinen Gruppen die Synagoge verlassen. Inzwischen war die Babysitterin mit unserer Tochter im Kinderwagen zum Wasserturm auf der anderen Straßenseite gegangen, wo sich die Polizeiabsperrung befand – und sich auch die Medienvertreter sammelten. Die Polizei konnte uns keine klare Antwort geben, was unsere Tochter betraf, und auch nicht sagen, wann wir wieder mit ihr zusammen sein dürften. Sie befand sich lediglich jenseits der Polizeiabsperrung, nicht mehr als 200 Meter entfernt. Sie musste dort rund 30 weitere Minuten warten, während wir herauszufinden versuchten, wie wir sie zu uns holen könnten. Schließlich beschlossen mein Mann und ich, nach einem Plan vorzugehen. Ich würde mich einer der ersten kleinen Gruppen anschließen. Aber mein Mann würde nicht aufbrechen, bevor ich ihn nicht angerufen und ihm definitiv mitgeteilt hätte, dass ich wieder mit meiner Tochter vereint war.

Es machte mich tatsächlich ziemlich nervös, nun meinen Mann zu verlassen und eine weitere Trennung meiner Familie herbeizuführen, andererseits war ich auf nichts so erpicht wie darauf, meine Tochter nach den vielen Stunden der Trennung wiederzubekommen. Also ging ich hinaus. Es war alles sehr verwirrend. Die Polizei, die Medien, die Bänder um unsere Hälse mit den Anhängern und den Nummern darauf. Bänder, die im Übrigen sehr schwer sind.

Mir war noch immer nicht wirklich klar, was ich da gerade überlebt hatte. Ich wollte einzig und allein meine Tochter finden.

Ich ließ keine weitere Zeit verstreichen. Ich rief sofort die Babysitterin an, um ihr mitzuteilen, dass ich das Synagogengebäude verlassen hatte. Ich sagte ihr genau, wo ich mich befand – mitten auf der Straße. Schließlich sah ich, wie die Babysitterin die Straße überquerte. Sie war in Tränen aufgelöst. Wir umarmten uns, als wir uns wiedersahen. Ich erzählte jedem, der fragte, dass dies meine Tochter und ihre Babysitterin waren und dass sie bei mir sein mussten. Wir liefen einfach weiter, zurück zum Tatort, zur Polizei, die meine persönlichen Angaben aufnahm.

Meine Tochter saß in ihrem Kinderwagen. Ich küsste sie. Und wir stiegen alle zusammen in den Bus. (Auch wenn das ebenfalls einiges an Erklärung brauchte, denn weder die Babysitterin noch meine Tochter hatten eines der Bänder mit dem schweren Anhänger um den Hals.)

Danach fiel es mir mehrere Tage lang sehr schwer, zu essen und zu schlafen. Über die nächsten zwei Monate spürte auch unsere Tochter, dass etwas nicht stimmte, und hatte ebenfalls Schlafprobleme. Also schlief sie jede Nacht in unserem Bett. Seit sie acht Wochen alt geworden war, hatte sie nicht mehr in unserem Bett geschlafen.

Damals wusste ich es noch nicht, aber im Oktober 2019 ritt ich noch immer auf einer Welle der Energie, die ich dem Schwangersein verdankte. Ich hatte davon geträumt, in Berlin angekommen, Leben zu schaffen, und nach nur vier Monaten traf ich den Tod. Und mein ganzes Jetzt – meine erleuchtete, zielgerichtete Gegenwart, verwurzelt in meiner neuen Wahlgemeinschaft, einen Ozean von zu Hause entfernt – war erschüttert.

Ich war vor Ort in der Synagoge von Halle, als Schüsse fielen, Molotowcocktails über einen Schutzzaun geworfen wurden, mit dem Ziel, Juden das Leben zu nehmen. Für mich war dieser Moment – und das, was in einer sehr langen Reihe von Momenten danach folgte, – eine Erfahrung der Zeitreise, der mehrfachen Identitäten, ein Moment des transzendenten In-eins-Fallens der Traumata von Generationen, die meiner Familie von Menschen mit derselben Ideologie, derselben Saat des Hasses, die ihnen in die Adern gesät worden ist, zugefügt worden sind: Ich war eine Mutter und eine Rabbinerin und eine Anführerin und ein Opfer und eine Überlebende und eine Enkelin und eine Gebende und eine Denkerin und eine Schöpferin, und ich war tot und lebendig und ermordet und gebärend und geboren, alles zur selben Zeit.

Seit dem 9. Oktober 2019 bin ich auf meiner Zeitreise unterwegs. Solange ich in Deutschland lebe, ist meine Zeitmaschine nicht stehen geblieben. Hillels Worte »Wenn nicht jetzt« scheinen ein Mysterium zu sein.

*

*Vayetze Noach min ha-teva.*
Und Noach verließ die Arche doch.

Ich finde mich oft mitten in der Geschichte des ersten kollektiven Traumas der Welt wieder, in der Geschichte der Sintflut, wie sie im Buch Genesis beschrieben wird. In Vorbereitung auf die Zerstörung der Welt weist Gott Noach an, ein Boot zu bauen, das sein Leben retten werde, und spart dabei nicht mit

Einzelheiten über die Maße, Materialien und Methoden, die Noach bei diesem Projekt verwenden solle. Auf einen vierzigtägigen Regenguss folgten 150 Tage Überschwemmung, an die sich wiederum eine fast zweimonatige Wartezeit anschloss: auf ein verlässliches Zeichen, dass die Erde trocken genug war, um den Schutz der Arche verlassen zu können. Das definitive Zeichen kam schließlich in Form einer direkten Anweisung von Gott:

*Tze' min ha-teva.*
Gehe aus der Arche.[3]

Jedes Mal, wenn ich diese Geschichte nun erneut lese, denke ich vor dem Hintergrund meiner Erfahrungen daran, wie diese Arche, ein Bauwerk, das für einen ganz bestimmten Zweck unter ganz besonderen Umständen gebaut wurde, zu einem Ort der Geborgenheit und der Sicherheit für eine Familie wurde, die alles verloren hatte. Die einzige Möglichkeit für Noach, das Verlassen der Arche überhaupt in Erwägung zu ziehen, war natürlich ein direkter Befehl von Gott. Der menschlichen Vernunft war nicht mehr zu trauen, hatte sie doch gerade zur Zerstörung eines Planeten geführt. Was, abgesehen von der Stimme Gottes, hätte Noach die Zuversicht geben können, dass er nicht einfach sterben würde, sobald er sich einen Schritt herauswagte?

Und doch – Noach tat diesen Schritt. Nach der Flut betreten Noach und seine Familie eine fremde neue Welt, die sie allein bewohnen. Unmittelbar nachdem er einen Fuß auf das trockene Land gesetzt hat, verleiht Noach seiner Dankbarkeit Ausdruck, indem er Gott Opfer darbringt. Dann segnet Gott Noach und seine Familie:

»Seid fruchtbar und mehret euch und füllt die Erde. Und eure Furcht und euer Schrecken seien auf allem Getier der Erde und auf allem Federvieh des Himmels; von allem, was sich regt auf dem Erdboden, und von allen Fischen des Meeres – in eure Hand sind sie gegeben.«[4]

Gott schenkt dieser Familie seinen Segen für ein neues Jetzt, mit einem Begriff von der Gegenwart, der reich an Macht und intimer Kenntnis ihrer Umgebung ist, völlig losgelöst von dem Trauma des monatelangen Eingesperrtseins in einer selbstgebauten Arche. Und dieser Segen macht sich im Kern an der Fortpflanzung fest.

Selbst in diesen ersten Momenten, in denen Noach an nichts anderes denken kann als an Gott, den eigentlichen Grund, warum er am Leben ist, entwirft Gott eine Zukunft, die darauf abzielt, den Menschen die Angst zu nehmen und sie zu den wichtigsten schöpferischen Akteuren auf dem Planeten Erde zu machen, indem er ihnen die göttliche Macht verleiht, Leben zu schaffen. Gott verspricht eine Welt, in der der Mensch die Sphäre des Lebenschaffens beherrscht. Anstatt mit der ständigen Angst vor einer weiteren Apokalypse zu leben, erhalten die Menschen das Privileg, diese Angst untergeordneten Lebensformen einzuflößen, und nehmen den Auftrag an, die Erde mit Leben zu füllen.

Nach meiner Fehlgeburt kämpfte ich damit, meine Arche zu verlassen. Ich war gefangen in der Angst vor einem defekten Körper, vor einem unerfüllten Leben. Aber wie die Arche von Noach ist auch eine Schwangerschaft ein Bauwerk, das für einen ganz bestimmten Zweck unter ganz bestimmten Umständen geschaffen ist – für ein spezielles Kind. Bis zur Ankunft meines ersten Kindes fühlte ich mich völlig entwurzelt. Ich hörte keinen Ruf Gottes, auszusteigen und meine Autorität über mein Leben zurückzufordern – mir meine schöpferische Kraft wieder anzueignen, sowohl im wörtlichen als auch im übertragenen Sinne. Ungeachtet dieser Schwierigkeiten hatte ich Glück. Nicht viele Menschen erleben, dass auf eine Fehlgeburt gleich ein Baby folgt. Einzelpersonen wie Paare versuchen teils jahrelang, ein Kind zu bekommen, und manche ohne Erfolg. Unter solchen Umständen die Aufforderung zum Aussteigen zu hören, ist in sich schon ein großes Privileg, für das ich unendlich dankbar bin.

Entsprechend frage ich mich, ob ich womöglich einen ersten Aufruf zum Verlassen der Synagoge in Halle verpasst habe. Dann, fünf Monate nach dem Anschlag, veränderte sich unser Leben erneut, als im März 2020 ein weiteres globales kollektives Trauma eintrat. Die Corona-Pandemie legte eine zusätzliche Schicht an Verzweiflung über meinen Heilungsprozess, so dass ich mich fragte, ob die Tatsache, dass mein Leben in Deutschland einer Schleife von wiederkehrenden Traumata glich, nur ein gemeiner Scherz war, den Gott mir spielte – um sich dafür zu rächen, dass ich auf der Suche nach Selbstverwirklichung meine Familie verlassen hatte. Noch dazu war ich wieder schwanger.

Am 5. März 2020, einem Freitagmorgen, starrte ich meinen Mann einmal mehr schockiert an. Innerhalb der letzten 24 Stunden waren für die nächsten drei Wochen drei unserer Workshop-Termine abgesagt worden. Nichts schien mehr seine Richtigkeit zu haben. Wo wir saßen, im Wohnzimmer unserer Wohnung, die immer noch als Ort für *Base* fungierte, würde bald ein Schabbat-Mahl für 40 jüdische Studierende stattfinden (die sich ironischerweise bei uns treffen wollten, weil ihr ursprünglicher Plan geplatzt war, gemeinsam an der Jewrovision teilzunehmen). Wir hatten keine Ahnung, was wir tun sollten, und so rief ich sechs Hebammen an, in der

Hoffnung, jemanden zu finden, der mir zumindest die Last des Nachdenkens abnehmen könnte.

In diesen ersten Monaten meiner zweiten Schwangerschaft lernte ich die Arche auf eine neue Art und Weise verstehen. Meine neue Arche war geprägt davon, dass ich knapp einem Massenmord entgangen und dass ich in die Vorbereitung des Prozesses gegen den Täter involviert war, von der damit verbundenen ungewollten Medienaufmerksamkeit und schließlich vom Ausbruch einer neuen, unbekannten Krankheit mit weltweitem pandemischem Ausmaß. Damit ähnelte diese neue Arche im Wesentlichen dem Vorgängermodell: indem sie sich als ein emotional repressives Gefängnis erwies. Doch irgendwie hatte Gott Nachsicht mit mir. Das zweite Trimester bescherte mir einen Schub an Energie und körperlicher Beweglichkeit, und ich hörte den Ruf, auszusteigen.

Wieder bestimmte für mich das Schwangersein, wo es langging. Ich wachte auf. Es war an der Zeit, noch etwas ganz anderes in die Welt zu setzen, etwas, das es mir und den anderen Überlebenden ermöglichen würde, unsere Autorität über unseren Körper, unsere Geschichte und unser Leben zurückzuerlangen.

*

Alles begann mit Jom Kippur. Das erste Jom Kippur nach meiner Fehlgeburt im Jahr 2018 war auch mein erstes Jom Kippur mit meiner Tochter. Mein erstes Jom Kippur nach dem Angriff war 2020 auch das erste Jom Kippur des *Festival of Resilience* – einer Feier des Lebens. Beide Male leitete ich das Kol Nidre an – das emotionale Gebet, das uns von unseren Gelübden und Lasten befreit, im wichtigsten Moment des Jahres, dem Tag, an dem Gott sich anschickt, uns zu vergeben.

Die Kraft, das Kol Nidre anzuleiten, war beide Male, wie bei meinen Babys, langsam in mir gewachsen. Das Kol Nidre kam aus meinem Schoß und wurde jedes Mal von einer Gemeinschaft empfangen, die mit dem Augenblick verwurzelt war. Im Jetzt.

Im Laufe der Jahre ist mir Jom Kippur zum Synonym für die ersten Anzeichen der Rückgewinnung des Selbst – meiner selbst – geworden. Nach der wellenweise wiederkehrenden Zerstörung meiner Welt hat Gott mich, wie das gesamte jüdische Volk, mit einem Tag gesegnet, den viele als Tag der Buße bezeichnen. In Wahrheit ist Jom Kippur der Tag der Resilienz.

Das *Festival of Resilience* ist ein Projekt, das ich gemeinsam mit anderen Überlebenden von antisemitischen, gruppenbezogenen und rassistischen Angriffen in Deutschland ins Leben gerufen habe. Es ist ein Festival, weil wir unsere Lebendigkeit feiern wollen, trotz unserer persönlichen Geschichte. Es geht um Resilienz, weil die Botschaft darin besteht, trotz der Vergangenheit stark zu bleiben. Zentral für dieses Festival ist, Kooperationen zu stärken, aber auch das Wohlbefinden der Überlebenden, den Austausch, kreative Ausdrucksmöglichkeiten und Freude. Jom Kippur bildete den Auftakt des ersten Festivals und ist seitdem Teil jedes Festivals.

Der Aufwand ist gigantisch. So etwas wie ein Festival der Resilienz zu organisieren, das unter anderem die Betroffenen der Anschläge von Halle (2019), Hanau (2020) und Mölln (1992) zusammengebracht hat, erfordert viel Einfühlungsvermögen, Aufeinanderzugehen, Freundlichkeit und Geduld. Keiner von uns hat es hier in Deutschland leicht gehabt, und trotzdem wollen wir alle aktiv werden. Das Endergebnis konnte nur durch enge Zusammenarbeit, unschätzbare Partnerschaften, die Einsatzbereitschaft der Freiwilligen und –

ohne Zweifel – durch die Solidarität meiner Mitüberlebenden zustande kommen.

Trotz alledem bezweifle ich, dass ich meinen Teil der Verantwortung an der Entstehung dieses großartigen Konzepts geschultert hätte – wäre ich nicht schwanger gewesen.

Was hat die Aussicht, Mutter zu werden, mit dem Aufbau von Gemeinschaft und dem Initiieren von Kooperationen zu tun? Als ich diese Initiativen startete, hatte ich – sowohl bei *Base Berlin* als auch beim *Festival of Resilience* – das Gefühl, sie durch einen Prozess ins Leben zu rufen, der sich als mühsamer, unvorhersehbarer, wellenartiger Kraftakt darstellte. In beiden Fällen würde das Ergebnis meiner Anstrengungen – das Wachsen dieser Initiativen wie der Babys – nur noch wenig von mir abhängen. Es war eine Erfahrung, gleichsam die volle Macht über Dinge zu haben, deren Wirkmächtigkeit ich nicht kontrollieren konnte.

In ihrem Buch *The Obligated Self* [Das in die Pflicht genommene Selbst] findet die Wissenschaftlerin Mara Benjamin einige der Worte, nach denen ich gesucht habe, um die Gefühle zu beschreiben, die diese Zusammenhänge instinktiv bei mir wecken:

> »Eltern üben eine ganz spezielle Art von Macht aus: eine, die die Anstrengungen der Kinder, bewusste Akteure zu werden, entweder erleichtert oder behindert. Dieses Element unterscheidet die elterliche Fürsorge am deutlichsten von anderen Arten der Fürsorge und damit von anderen Arten der Macht. … Im Gegensatz zu patriarchalen Modellen, die Macht als Herrschaft begreifen, haben feministische Theoretikerinnen alternative Modelle von Macht als Fähigkeit und Fertigkeit entwickelt, die teils als ›Mit-Macht‹, ›Macht von innen heraus‹ oder ›Macht, um zu‹

und nicht als ›Macht über‹ bezeichnet werden. Solche Vorschläge haben die Möglichkeiten neu interpretiert, die asymmetrischen Machtverhältnissen innewohnen, indem sie von Macht als dem Faktor sprechen, der durch Ermächtigung anderer Veränderung ermöglicht.«[5]

Als sich nach der Flut, der überwältigenden Katastrophe, die Aussicht einstellte, etwas aktiv ins Leben rufen zu können, war dies ein Symbol für die »Macht von innen heraus«, die Benjamin beschreibt. Es gibt einen Grund, warum die erste Weisung an Noach und seine Familie lautet, sich fortzupflanzen. Denn sich fortzupflanzen ist im Grunde eine mütterliche Macht – eine Macht, die Machtstrukturen umkehrt, eine Macht, die andere ermächtigt. Indem wir unsere Projekte aufbauten und indem ich zwei Menschen zur Welt brachte, erreichten wir ein neues Gleichgewicht der Macht unter denjenigen, die die Schlüssel zu Wissen, politischem Kapital und Traditionen in der Hand halten; wir eroberten uns ein verlorenes Gefühl von Autonomie zurück.

Mütterliche Macht trägt das Potenzial für neues Leben in sich. Meines hat sie zudem gerettet.

*

Meine zweite Tochter kam mit viel Lärm und Drama auf die Welt. Nichtsdestoweniger schaffte es meine älteste Tochter, die zwei Zimmer weiter schlief, die Ereignisse dieser Nacht irgendwie zu verschlafen. Mir wurde gesagt, ich hätte auf meinen Mann eingeschlagen, meine Hebamme angebrüllt und überhaupt viel geschrien, ich selbst erinnere mich nur verschwommen.

Die erste Nacht: reine Freude. Die Hebamme zog das Baby

an, ich stillte es, und wir lagen nebeneinander in einem Bett, ganz für uns allein. Dieses kleine Leben, so süß, so winzig, so neu.

Die folgenden Tage und Wochen brachten weitere Herausforderungen, noch weniger Schlaf und ein Gefühl allgemeiner Überforderung. Aber unser Unterstützungssystem war intakt. Unser Anwalt half dabei, Ausnahmen vom Einreiseverbot für zwei Familienmitglieder meines Ehemanns und für zwei Mitglieder meiner Familie zu erwirken. Bei alldem, was im vorausgegangenen Jahr geschehen war, war einfach umsorgt zu werden – ohne politische Zusammenhänge oder Koordinationsaufwand – eine Erholung.

Ich reflektiere über meine eigene Geburtserfahrung aus einem einzigen Grund: um meine spezifische Erfahrung mit Schöpfungsprozessen, ideellen und realen, in den Blick zu nehmen, nicht mehr und nicht weniger. Ich führe diese Überlegungen nicht an, um der Erfahrung anderer Menschen eine bestimmte Bedeutung überzustülpen. Der Prozess der Empfängnis, der Schwangerschaft, der Geburt und der Kindererziehung ist kompliziert genug, oftmals traumatisch, genauso oft mit Freude verbunden und wirkt sich auf jedes Elternteil und jede Person, die mit diesem Prozess verbunden ist, anders aus. Ich möchte das in keiner Weise bagatellisieren.

Eine Schwangerschaft ist oft mit Hoffnung verbunden, Hoffnung auf Leben, Hoffnung auf Veränderung, Hoffnung auf Erneuerung. Mir, der Enkelin von vier Holocaust-Überlebenden, erschien eine Schwangerschaft immer als das größte Geschenk, das ich meinen Großeltern machen konnte, unabhängig davon, ob sie noch lebten. Obwohl es niemand in meiner Familie je ausdrücklich so benannt hat, lag für mich die Interpretation nahe, eine Schwangerschaft eher als eine Verpflichtung denn als eine Wahl aufzufassen. Welchen besseren

Weg konnte es geben, um meinen Großeltern Hoffnung und Widerstandskraft zurückzugeben? Welchen besseren Weg konnte es geben, ein verinnerlichtes, generationenübergreifendes Trauma zu überwinden, als *mehr* nachfolgende Generationen zu schaffen?

Im Laufe der Zeit habe ich gelernt, dass meine Großeltern sich ihre eigenen Wege zur Resilienz gebahnt haben, Wege, die – zumindest meiner Einschätzung nach – nicht davon abhingen, dass ich schwanger wurde. Die Wege, die sie einschlugen, sind in dem verwurzelt, wer sie sind, und in ihrer Entscheidung, wer sie sein wollten, in ihrer Offenheit für Weisheiten und Einsichten, die diese Wege bereithielten, und in ihrer Art und Weise, echte Lebensklugheit an ihre Enkelkinder weiterzugeben – ohne damit Erwartungen oder Verpflichtungen zu verbinden, sondern stets voller Hoffnung.

Nichtsdestoweniger verspürte ich weiterhin den starken Wunsch, Leben zu schaffen. Er führte zur Geburt meiner wunderbaren Kinder. Und faszinierenderweise führte er zur Geburtsstunde von so viel mehr.

Meine Schwangerschaften haben mir geholfen, Dinge ins Leben zu rufen. Eine Organisation. Ein Festival. Ein Narrativ des Überlebens, das mit dem (Zurück-)Gewinnen mentaler Stärke einhergeht – das ist das Narrativ meines Lebens, auf das ich heute stolz bin, als Jüdin, die in Deutschland lebt. Aber mehr noch als Jüdin, die in der Welt lebt. Und nicht zuletzt insbesondere als eine Jüdin, die im Jetzt lebt.

*Aus dem amerikanischen Englisch von Karin Hielscher*

# Anmerkungen

1 Pirkej Awot [Sprüche der Väter], 1:14, http://www.talmud.de/tlmd/mischnah-awot-kapitel-1/, abgerufen am 24.03.2022.
2 Zitiert nach Martin Buber, Die Erzählungen der Chassidim, Neuausgabe Zürich 2014 (Originalausgabe 1949), S. 705.
3 Bereschit [1. Buch Mose – Genesis], Parascha Noach, Kapitel 8:16 (Die Torah – eine deutsche Übersetzung, übersetzt von Chaijm Guski, Gelsenkirchen 2014).
4 Bereschit [1. Buch Mose – Genesis], Parascha Noach, Kapitel 9:1 f (Die Torah – eine deutsche Übersetzung, übersetzt von Chaijm Guski, Gelsenkirchen 2014).
5 Mara Benjamin, The Obligated Self: Maternal Subjectivity and Jewish Thought, Bloomington 2018, S. 43.

# UNTER MEINER DUSCHE IN TEL AVIV

*Richard C. Schneider*

Es gibt einen kleinen Luxus, über den ich mich jeden Morgen aufs Neue freue. Ich stehe in meinem Badezimmer in Tel Aviv unter der Dusche. Das Fenster weit geöffnet, blicke ich auf sonnenbestrahlte Häuser, und ein warmer Wind weht hinein, der einem das Gefühl gibt, von der göttlichen Natur umarmt zu werden. Nein, ich bin kein besonders religiöser Mensch, das Bild, das ich gerade gewählt habe, scheint abwegig und ist pathetisch. Und doch fühlt es sich so an. Denn ich empfinde das immer wieder als ein kleines Wunder. Dass es einen jüdischen Staat gibt und ich derzeit hier lebe. Eine Selbstverständlichkeit für gebürtige Israelis, für mich als Diaspora-Jude wird es das nie sein.

Immer wieder, wenn ich beim Duschen aus dem Fenster sehe, die Sonne spüre, kommt mir auch dieser Gedanke: Ich kann nicht einmal in Tel Aviv Auschwitz von meiner Haut abwaschen. Ja, ja, ich weiß, die werte Leserschaft mag jetzt ob der Metapher die Augen verdrehen und sich denken, der Autor dieser Zeilen hat nicht alle Tassen im Schrank. Ich kann Sie beruhigen: Sie haben recht.

Wie soll das gehen, »alle Tassen im Schrank zu haben«,

wenn man zur Zweiten Generation gehört, wenn die Eltern im KZ waren, der größte Teil der Familie vergast, und man – of all places – ausgerechnet in Deutschland geboren wird, gerade mal 12 Jahre nach Kriegsende? Wie soll man da »normal« sein, wenn man geprägt ist von einem Ereignis, das vor der eigenen Geburt lag? Dieses vorgeburtliche Monstrum, genannt »Holocaust« oder »Shoah«, ist das identitätsstiftende Merkmal für die Zweite Generation, wie der französische Philosoph Alain Finkielkraut dies einmal in seinem Buch »Der eingebildete Jude« nannte. Wahrscheinlich gilt das auch für die Dritte und Vierte Generation …

Denke ich jeden Tag an die Shoah? Nein, natürlich nicht. Beeinflusst sie jeden Tag meines Lebens? Keine Frage! Manchmal merke ich das erst hinterher, manchmal sogar erst Jahre später. Berufliche und private Entscheidungen, die ich getroffen habe und die scheinbar so gar nichts mit der Judenvernichtung zu tun hatten. Doch dann, irgendwann, merke ich, dass dies so eben nicht stimmt. Nur ein einfaches Beispiel: Ich bin Dutzende Male in meinem Leben umgezogen. Und immer wieder, wenn ich mir Wohnungen angeschaut habe, die im Prinzip schön waren, die sogar im richtigen Viertel lagen, kam es vor, dass ich aus irgendeinem Grund nein sagte, die Wohnung nicht wollte. Warum? In dem Augenblick hatte ich oft keine Ahnung, da war so ein Gefühl … schwer zu beschreiben. Doch irgendwann wurde mir klar, was es beispielsweise in einem Fall war: das Treppenhaus. Es hatte eine Anmutung, eine ganz bestimmte Atmosphäre Vorkriegsdeutschlands, die ich nicht mochte. Es löste ein Unbehagen in mir aus. Ich kannte solche Treppenhäuser aus Filmen, die in den 30er Jahren in Berlin spielen. Die Szene: Ein SA-Trupp rennt das Treppenhaus eines Wohnhauses hinauf, um Juden aus der Wohnung zu zerren und zusammenzuschlagen. Das

Treppenhaus sieht genauso aus wie das, das ich nicht mochte. Solche Filme prägen mein Bild aus der Nazizeit, das im Dokumentarischen stets schwarz-weiß daherkommt. In Spielfilmen und TV-Serien jedoch in Farbe. Das wirkt stets surreal. Die »echte« Nazi-Atmosphäre ist farblos, schwarz-weiß eben. Grau. So legt sich über ein einfaches Treppenhaus ein »graues Gefühl«. Wo es grau ist, da mag ich nicht wohnen. Ein Nazi-Grau, wohlgemerkt. Mein Nazi-Grau.

Die Nazizeit in Farbe? Irritierend. Im Spielfilm, okay. Aber in »echt«? Daran musste man sich erst gewöhnen, etwa als dokumentarisches Film- und Fotomaterial aus dem Krieg aufzutauchen begann, das bunt war. Da waren dann alle irritiert und empfanden diese Funde als sensationell. Denn die Farbe holte die Nazizeit plötzlich in die Realität. Eine Realität, wie die unsere: farbig. Plötzlich ist jene Zeit hier und jetzt. Aber damit auch eigenartig surreal. Es ist kein Wunder, dass Steven Spielberg sein Meisterwerk »Schindlers Liste« in Schwarz-Weiß gedreht hat. Die »Realität« von damals ist auch für ihn nicht bunt. Kann nicht bunt sein.

Also, das Treppenhaus ließ mich eine Wohnung ablehnen. Oder der jovial-forsche Ton des Maklers, der mich an den Befehlston der SS erinnerte – ohne dass ich den selbst je gehört hätte. Aber er ist im Ohr. Wir Deutschsprachigen wissen doch, wie Befehle auf Deutsch klingen. Ich lebte vor vielen Jahren in Wien. Eines Abends saß ich im Restaurant Figlmüller mit Freunden aus dem Ausland. Das Figlmüller ist »die Heimat des Schnitzels«, wie es sich selbst anpreist. Das dünne, ausgebackene und panierte Kalbfleischschnitzel hängt weit über den Tellerrand heraus, dazu gibt es einen wunderbaren Erdäpfelsalat, Preiselbeeren und einen G'spritzten, weiß natürlich. In dem kleinen, engen Lokal war es voll. Und laut. Der Wiener Singsang schwebte in der Luft. Plötzlich, von irgendeinem Tisch ganz hinten, quer durch das Restaurant: »Kellner, wir hätten gerne noch zwei gespritzte Weißwein!« Der Ton des Gastes war schneidend, nahezu brutal. Ein norddeutscher Ton. Im Nu war es mucksmäuschenstill in dem Lokal. Der deutsche Sound war wie ein Peitschenknall, oder soll ich sagen: wie ein Pistolenschuss? Alle waren erschrocken. Bis, nach einer Schrecksekunde, der Ober im besten Wienerisch hinüberrief: »Nur ned hudeln, i kim ja scho!« Die Wiener Melodie war eine Erlösung. Sofort setzte das Stimmengewirr wieder ein, als ob nichts gewesen wäre. Auch ich war erleichtert. Doch dann wanderten meine Gedanken weiter ... Zu all den Österreichern in der SS und der Wehrmacht, die in ihrem Singsang dieselben Befehle brüllten ... oder sagten sie etwa: »Aber bitte, Herr Doktor, g'schamigster Diener, wären's so liab und gingen's in's Gaskammerl?«

Immer ist irgendwas, ständig. Auch in der unverfänglichsten aller Situationen kommen die Assoziationen hoch. Es ist ein Fluch. Wenn ich Christ wäre, würde ich sagen: es ist das Kreuz, das ich tragen muss. Doch wenn ich Christ wäre, würde ich die Vergangenheit wahrscheinlich wie so viele verdrängen. Als Jude kann ich das nicht. Auch wenn ich es mir manchmal gewünscht hätte. Das Leben wäre um so vieles einfacher gewesen. Vielleicht. Vielleicht aber auch nicht.

Erst mit Anfang 30 wurde mir diese absurde Situation wirklich bewusst, als Kind von Shoah-Überlebenden ausgerechnet in Deutschland geboren und aufgewachsen zu sein. 30 Jahre hatte es mich scheinbar nicht interessiert oder berührt. Ja, ich war immer wieder Antisemitismus ausgesetzt, ja, ich hatte diese Angewohnheit, mich als Jude möglichst nicht zu outen, wie man das heute formulieren würde. Aber ich hielt das für normal. Ich kannte nichts anderes und hatte von jüdischen Freunden im europäischen Ausland immer wieder gehört, dass es auch in ihren Ländern Antisemitismus gebe und man vorsichtig sein müsse. Doch dann, als ich mein »Awakening« hatte, dann fiel es mir wie Schuppen von den Augen. Plötzlich fielen mir unendlich viele Situationen ein, in denen ich als Kind ein extrem unangenehmes Gefühl hatte, spürte, dass irgendwas nicht stimmte. Je jünger ich war, desto weniger verstand ich, was da jeweils los war. Aber aus der Retrospektive wurde mir vieles klar. Das schmierige Grinsen eines Mannes, den ich stets im Laden um die Ecke traf, wenn ich für meine Mutter Brot oder Milch kaufte. Ihm fehlte ein Bein, und beim Bezahlen an der Kasse, legte er seinen Stumpf auf eine der Krücken, damit er sicher stand. Ich war häufig vor oder nach ihm dran, er setzte dann stets sein ekliges Grinsen auf, zeigte auf sein Bein und sagte zu mir: »Aus'm Krieg. Aus'm Krieg.« Ich verstand nicht, was er mir da sagen wollte. Aber es machte mir Angst, ich bekam jedes Mal Herzklopfen und fühlte mich erst wieder daheim bei meiner Mutter sicher. Draußen war es zu gefährlich für einen kleinen Judenjungen.

Oder der Ton des Sprechers in der Wochenschau. Meine ältere Schwester nahm mich in die Nachmittagsvorstellungen der Walt Disney- und Winnetou-Filme mit. Zuvor gab es die »Fox Tönende Wochenschau«. Die schnarrende Stimme des Sprechers, das gestelzte, unnatürliche Deutsch, das er sprach … auch das machte mir Angst. Als ich später dann bei wissenschaftlichen Recherchen die Nazi-Wochenschauen sah und hörte, wurde mir klar: Der Ton- und Sprachduktus der 50er und frühen 60er Jahre war derselbe. Dieser stets leicht aggressive und überhebliche, soll ich sagen: »herrenmenschliche« Ton?

Ich schrieb gerade, dass mir erst mit 30 bewusst wurde, dass es eine absurde Situation ist, als Jude in Nachkriegsdeutschland geboren zu sein. Aber, wie schon angedeutet, stimmt das nicht so ganz. Als ich noch am Theater arbeitete, war ich einige Zeit lang Regieassistent bei dem großen George Tabori. Ich war 21, 22 Jahre alt. Seine Produktionen, an denen ich beteiligt war, waren seine selbstgeschriebenen Theaterstücke, die sich immer um Auschwitz drehten. In seinem Stück »My Mother's Courage«, in der es um das Überleben seiner Mutter, gespielt von Hanna Schygulla, ging, wollte George, dass ich meinen eigenen, vergasten Großvater spiele. Ich trage dessen jüdischen Namen. So sollte ich in einer Szene nackt auf dem Boden in die fiktive Gaskammer kriechen. George strich die Szene später, doch ich erinnere mich bis heute an eine andere Szene im Viehwaggon, die blieb. Wir wurden alle deportiert. Und Georges bissiger Humor ließ einen Schauspieler in dieser Situation sagen: »Verzeihung, gibt es hier einen Speisewagen?«

Auschwitz war also letztendlich immer da. Seit der Kindheit. Und ich schreibe hier nichts über die Traumata meiner Eltern, die ich, vor allem nachts, miterlebte. Auschwitz war da. Tag und Nacht. Aber wirklich neu war, dass ich mit 30 anfing, meine Existenz in Deutschland zu hinterfragen: Kann ich hierbleiben? Soll ich hierbleiben? Wäre es woanders nicht besser? Wie soll ich denn in Deutschland bleiben? Wie?

Ich wollte immer weg aus Deutschland. Denn mein Ziel war, ein ganz großer Theaterregisseur zu werden. Am Broadway, wo sonst? Meine Sehnsucht nach der Ferne hatte nichts mit Auschwitz zu tun (ach, nein?), sondern mit meinen Träumen. Doch was machte ich? Ich studierte Germanistik und begann, an deutschen Theatern und später dann als Journalist zu arbeiten. Mein Handwerkszeug: die deutsche Sprache. Ich wollte stets weg – und band mich über die Sprache doch an Deutschland. Bitte, fragen Sie mich nicht, warum. Ich habe keine vernünftige Antwort.

Vor vielen Jahren drehte ich eine Reportage über den »letzten Juden von Dachau«, einen Ungarn, den ich seit meiner Kindheit kannte. Er hatte das KZ Dachau überlebt, war dort von den Amerikanern befreit worden. Und war in Dachau geblieben. Konnte nicht weg. Nicht einmal nach München, das doch nur eine halbe Autostunde entfernt liegt. Ich fragte ihn, warum nicht? Er versuchte, es zu erklären: »Ich kann die Toten hier nicht zurücklassen, einer muss doch auf sie aufpassen und in ihrer Nähe bleiben!« Ich versuchte es mit Ratio: »Aber die Toten sind doch nicht mehr hier. Ihre Körper sind verbrannt, begraben, irgendwo. Ihre Seelen sind überall, nein?« »Sie sind da«, antwortete mir der letzte Jude von Dachau, »sie werden für immer in Dachau bleiben. Ich muss auch hierbleiben. Es geht nicht anders.«

Kann es sein, dass ich mich unbewusst mit meiner Berufswahl ähnlich verhielt wie dieser letzte Jude von Dachau? Ich wollte weg – und band mich doch an Deutschland. Ich fand einen Kompromiss für mich: Ich war stets auf Reisen, drehte überall auf der Welt Reportagen. Und wurde schließlich ARD-Studioleiter in Tel Aviv. Mit dieser Position schloss sich für mich ein Kreis. Ich konnte nun die beiden für mich wichtigsten Länder und Kulturen miteinander verbinden. Für einige Jahre fühlte sich alles richtig an. Bis ich nach Rom ging. Und plötzlich, zurück in Europa, wieder zum »Juden« wurde, zum »Anderen«. Plötzlich sollte ich wieder Erklärungen abgeben (»Wieso feierst du kein Weihnachten? Alle feiern doch Weihnachten«), plötzlich sollte ich mich rechtfertigen (»Ist das, was die Israelis mit den Palästinensern machen, nicht dasselbe, was die Nazis mit euch gemacht haben?«), plötzlich sollte ich mich neu verorten (»Du bist ein deutscher Journalist, aber du bist doch ein Ebreo, ein Jude, wie geht das denn?«).

Also ging ich wieder zurück nach Tel Aviv. Hoffte, dort nun meinen Hafen zu finden. Anzukommen. Endlich einmal ankommen. Ich hoffte wider besseres Wissen. Es gibt kein Ankommen für jemanden wie mich. Es gibt nur »Zwischenwelten«, wie ich mein allererstes Buch nannte, das 1993 erschienen war. Also Zwischenwelten, auch und natürlich in Israel. Bin ich hier, will ich dort sein. Bin ich dort, will ich hier sein. Überall fehlt ein Teil von mir, nirgends bin ich zu Hause. Doch auch hier, in Tel Aviv, ist überall Auschwitz. Ob es angenehmer ist, im sommerheißen Tel Aviv zu duschen als im winterkalten München? Ganz egal, Auschwitz ist in Israel besonders präsent.

Wird es Krieg mit dem Iran geben? Was wird die Hisbollah machen? Wird der jüdische Staat zerstört werden? Was ist, wenn Teheran eine Nuklearbombe haben wird? Und wer wird Israel zu Hilfe eilen im Ernstfall? Die USA? Die EU? Deutschland? All diese Fragen schweben ständig im politischen Raum Israels. Sie werden häufig ausgesprochen, manchmal wird nur geraunt, oftmals auch nur angedeutet, denn es weiß sowieso jeder, worum es eigentlich immer geht: einen zweiten Holocaust zu verhindern. Nie wieder! Dass viele israelische Politiker dieses »Nie wieder« auch missbraucht haben und missbrauchen, um fragwürdige und auch schreckliche politische Entscheidungen zu rechtfertigen, versteht sich. Jeder spielt mit der Shoah. Jeder auf seine Weise. Die deutschen Politiker, wenn sie mit betroffenen Mienen mit den immer gleichen Textbausteinen in Sachen »Erinnerungskultur« unterwegs sind, die israelischen Politiker, wenn es immer um alles oder nichts geht. »Niemand soll uns herausfordern, wir haben Möglichkeiten, die alles übertreffen, was unsere Feinde sich vorstellen können!« Und: »Wir sind ganz schwach und klein und jederzeit zerstörbar.« – Aussagen, die sich widersprechen und doch nebeneinanderstehen im politischen Alltag des jüdischen Staates, der schrill, laut, aggressiv, irrational und manchmal auch absurd ist. Und immer voller Angst. In jedem Israeli steckt auch ein Stückchen Diaspora-Jude, der Angst vor der physischen Vernichtung hat.

Ich schreibe dieses Essay in einem Café in Jaffo, wie Jaffa auf Hebräisch heißt. Das Café heißt »San Remo«. Italien ist der Sehnsuchtsort für viele Israelis und Deutsche. Neben dem »San Remo« steht das Gesher-Theater, eine der besten Bühnen in Tel Aviv, von dem russischen Regisseur Yevgeny Arye gegründet. Wir waren früher Nachbarn. Er lud mich zu Proben ein, damit ich seine Arbeit sehen könne. Er hoffte, ich würde für die ARD einen Beitrag über sein Haus machen (was ich dann auch machte). Die Arbeitsweise von Yevgeny faszinierte mich. 1991 hatte er das Theater mit sowjetischen Schauspielern gegründet. Alles geschah auf Russisch. Inzwischen sind die Vorstellungen auf Hebräisch, und viele Schauspieler sind gebürtige Israelis ohne russischen Background. Yevgeny spricht kein gutes Hebräisch. Und so arbeitet er auf Russisch. Neben ihm, wie ein Schatten, stand eine junge Israelin, die ununterbrochen simultan übersetzte, was der Meister erklärte. »Kibbutz Galuyot«, heißt das auf Hebräisch, eine Ansammlung der verschiedensten Diaspora-Juden, so sieht sie aus. In Israel kommen alle aus allen Ecken der Welt zusammen …

Hier, zwischen San Remo und Moskau, befindet sich Jaffo / Jaffa. Hier kam es im Mai 2021 während des vierten Gaza-Krieges, genannt »Hüter der Mauern«, zu brutalen Aufständen und Auseinandersetzungen zwischen arabischen und jüdischen Israelis. In meiner Straße, in der ich wohne, wurden alle Autos in der Nacht angezündet. Es herrschte Bürgerkrieg, Pogromstimmung! Die Araber fühlten sich bedroht, die Juden auch. Die Shoah ist um die Ecke! Die israelische extreme Rechte schrie sofort los. Die »Fünfte Kolonne«, wie die israelischen Araber beschimpft werden, müsste vertrieben werden, es ist »unser Staat«, wir müssen uns verteidigen, »ejn lanu eretz acheret«, wir haben kein anderes Land, was soll aus uns werden, wenn wir unseren eigenen Staat verlören?!

Ich ertrage jüdischen Extremismus vielleicht noch eine Spur schlechter als deutschen. Jüdischer Extremismus wird in meinem Namen formuliert, gelebt, ausgeübt. Ob es mir gefällt oder nicht. Im Krieg wird er immer deutlicher als sonst schon. Auf beiden Seiten. Araber, Juden, überall gibt es Fanatiker. Eine palästinensische Freundin beschimpfte mich in jenen Tagen wegen der Vorgänge innerhalb Israels und natürlich wegen des Krieges, sie wurde sehr aggressiv, beschuldigte mich, für alles Übel dieser Welt verantwortlich zu sein. Ich reagierte ebenfalls heftig. Wer von uns beiden »angefangen« hat? Keine Ahnung, es war auch völlig egal, unserer beider Nerven lagen blank in jenen Tagen. Irgendwann flehte ich sie an, die Freundschaft nicht zu gefährden, wir dürften doch nicht aus diesem Giftbecher, den die Fanatiker mit großer Freude und zunehmendem Erfolg herumreichen, trinken. »Wir können uns streiten, beschimpfen, alles. Aber doch immer vor dem Hintergrund, dass wir Freunde sind!«, beschwor ich sie. Sie bat um eine Auszeit. Tage später sprachen wir wieder miteinander. Ob ich denn verstanden hätte, warum sie so verletzt war? Sie habe sich auch von mir verletzt gefühlt, ich hätte Sachen gesagt, die für sie als Palästinenserin schwer zu verdauen waren. Ich erwiderte, dass es mir genauso gegangen sei. Dann begannen wir, über das Gesagte zu reden. Begriffen unsere Empfindlichkeiten, verstanden, wo der andere verletzt war und wo nicht. Und warum. Hörten einander zu. Es war uns gelungen, uns als Individuen aus dem Kollektivirrsinn herauszuziehen. Und natürlich sprachen wir auch über die Shoah. Und die Nakba, die Katastrophe, wie die Palästinenser ihre Vertreibung und Flucht 1948 nennen. Wir sprachen wieder als Freunde. Wir beide hatten diesen Krieg »gewonnen«.

Doch da war er wieder … der Fluch, den Folgen der Shoah nicht entfliehen zu können. Es ist unmöglich. Egal, wo ich war, bin oder sein werde. Das vorgeburtliche identitätsstiftende Ereignis wird mich bis ins Grab verfolgen. Und auch noch nach meinem Tod. Denn ich muss ja auch noch entscheiden, wo ich begraben werden möchte. In Deutschland? In Israel? Instinktiv sage ich: weder noch. In Deutschland nicht, weil ich nicht möchte, dass mein Grab mit Hakenkreuzen beschmiert wird. In Israel nicht, weil ich keine Lust habe, dass mein Grab vielleicht eines Tages von Arabern zerstört wird, falls Israel doch vernichtet werden sollte …

Ist es mir wirklich wichtig, was mit meinem Grab geschieht? Darum geht es nicht wirklich. Es geht eher um das Ablegen des Zeugnisses, dass es auch nach der Shoah noch jüdisches Leben gab. Und ich ein kleiner Teil davon war. Das klingt schon wieder pathetisch, nicht wahr? Ich weiß. Es ist genauso pathetisch wie der rostige Nagel auf meinem Schreibtisch, den ich aus den Gleisen an der Rampe von Auschwitz herausgezogen und mitgenommen habe, als ich 2003 dort einen Film drehte. Dieser Nagel erinnert mich daran, warum ich Journalist bin. Damit niemand jemals wieder sagen kann: »Wir haben von nichts gewusst.« Natürlich kann ich die Welt nicht ändern. Aber ich kann dafür sorgen, dass man wissen kann, wenn man nur wissen will. Egal, wo ich auf der Welt gearbeitet habe, ob in den USA oder in der Ukraine, in Schweden, Frankreich, Ungarn, Ex-Jugoslawien, Kosovo, Albanien, Israel, Palästina, Zypern oder an vielen anderen Orten dieser Welt – ich habe immer versucht, so zu arbeiten, dass man »wissen« konnte, wenn man nur wollte. Dass mein Beitrag Zeugnis abgibt. Ja. Das klingt pathetisch, das ist pathetisch. Pathos im Sinne Aristoteles' ist ein »emotionaler Appell«. Genau. Es geht immerzu um den emotionalen Appell, mit dem weiterzumachen Auschwitz uns Nachkommen beauftragt hat. Weiterzuleben.

Kosovo-Krieg 1999, ich berichtete für die ARD. Damals hörte ich zum ersten Mal den Begriff »collateral damage«, auf Deutsch: »Kollateralschaden«. Wow, dachte ich mir, das ist ja eine verdrängende Sprache, um die »in Kauf zu nehmende« Tötung von Zivilbevölkerung zu beschönigen. Es ging um einen versehentlichen NATO-Angriff auf einen Bus mit Flüchtlingen. Ich sehe noch die verkohlten Körperteile in dem ausgebrannten Bus vor mir. Die gleichen Bilder, die ich später in Tel Aviv während der Zweiten Intifada gesehen hatte, als die israelischen Busse explodierten und überall verkohlte Leichenteile herumlagen. »Kollateralschaden«. Und schon wieder musste ich an den Holocaust denken, an das Dritte Reich, um genau zu sein. An das Buch von Viktor Klemperer: »LTI«. Kollateralschaden – was für eine zynische Formel, sie hätte gut ins Vokabular des LTI gepasst. Ebenso wie die »surgical strikes«, die »chirurgischen Angriffe« aus der Luft. Was heißen soll: Man hat genau das getroffen, was man treffen wollte. Nichts ist angeblich »daneben« gegangen. Wir, wer immer »wir« ist, führen einen sauberen Krieg. Alle führen saubere Kriege. Und die Vernichtung der Juden war auch ein anständiges Unterfangen, ein Ruhmesblatt für die deutsche Nation, wie Heinrich Himmler dies mal in einer seiner »Posener Reden« am 4. Oktober 1943 formuliert hat:

> »(...) die Ausrottung des jüdischen Volkes. Es gehört zu den Dingen, die man leicht ausspricht. – ›Das jüdische

Volk wird ausgerottet‹, sagt ein jeder Parteigenosse, ›ganz klar, steht in unserem Programm, Ausschaltung der Juden, Ausrottung, machen wir‹ (...) Von allen, die so reden, hat keiner zugesehen, keiner hat es durchgestanden. Von euch werden die meisten wissen, was es heißt, wenn 100 Leichen beisammen liegen, wenn 500 daliegen. Dies durchgehalten zu haben, und dabei – abgesehen von menschlichen Ausnahmeschwächen – anständig geblieben zu sein, das hat uns hart gemacht und ist ein niemals geschriebenes und niemals zu schreibendes Ruhmesblatt unserer Geschichte.«

Warum nur muss ich immer und immer wieder an diese Dinge denken, wenn ich von Kriegen und Terror berichte, egal wo? Wenn ich durch das zerbombte Gaza gelaufen bin, wenn ich zerstörte Häuser in Nord- und Südisrael gesehen habe, wenn ich den Schrecken des Krieges in bosnischen, serbischen, albanischen, kosovarischen, israelischen, palästinensischen und vielen anderen Gesichtern gesehen habe, warum schoben sich mir dann immer andere Bilder vor Augen? Warum muss ich beim Völkermord von Srebrenica, dessen Bilder tief in meiner Seele verankert sind, an die Bilder von Überlebenden aus Dachau denken? Ziehe ich historische Vergleiche? Nein. Keinesfalls. Die Shoah, auch wenn inzwischen neumodische Historiker dies bezweifeln wollen, ist singulär. Man muss die Shoah nicht »klein« machen, um das Grauen anderer Völkermorde und Verbrechen »größer« zu machen. Sie sind auch so monströs und groß genug.

Als ich nach dem Gaza-Krieg 2008 inmitten eines Flüchtlingslagers ein kleines palästinensisches Kind im aufgetürmten Bombenschutt mit bloßen Händen herumwühlen sah – es war vielleicht neun Jahre alt –, fragte ich, wonach es denn suche. Mit leiser Stimme meinte der kleine Junge, dass hier sein Elternhaus war. Und er seine Spielsachen suche. Und was ist mit den Eltern, den Geschwistern? Er zuckte die Achseln. Und grub weiter. Hatte ich Tränen in den Augen? Natürlich. Muss ich deswegen das Leid der Palästinenser mit dem der Juden während der Shoah vergleichen? Nein. Natürlich ist der Holocaust in seiner Dimension mit nichts zu vergleichen. Das ändert natürlich an dem absoluten Leid, das jeder einzelne Mensch in jedem Krieg, bei jedem Terroranschlag erlebt, nichts.

Kriegstraumata vergleichen, gegeneinander abwägen oder gar ausspielen – so blödsinnig können nur Menschen argumentieren, die Krieg nie erlebt haben. Die Post-Holocaust-Schlachten, die so manche Intellektuelle in deutschen und europäischen Feuilletons führen, machen mich wütend. Als Jude, aber auch als Journalist, der Krieg gesehen hat. Schweigt doch einfach, ihr wisst nicht, wovon ihr redet.

Ich fühle mich als Jude und als Kind von Holocaust-Überlebenden von diesen Diskussionen nicht gesehen. Und gleichzeitig belustigt es mich, wenn ich in Deutschland Menschen erlebe, die verstört sind, weil ich einerseits gegen antizionistische Strömungen anschreibe – und gleichzeitig sehr wohl Empathie für Palästinenser aufbringen kann, die ich seit Jahrzehnten in Gaza und im Westjordanland getroffen, gesprochen, erlebt habe. Mit denen ich gegessen, geredet, gestritten und auf ihren Festen getanzt habe. Und von denen ich bedroht wurde. Weil ich Jude bin. Oder weil ich ein westlicher Journalist bin. Oder weil ich ich bin.

Ich habe palästinensische Brutalität gegen Palästinenser erlebt, als die Hamas Fatah-Angehörige von den Dächern der Häuser in Gaza heruntergeworfen hatte oder angebliche »Kollaborateure« öffentlich hinrichten ließ. Ich habe jüdische Brutalität gegen Juden erlebt, wenn israelische Polizei auf linke Demonstranten mit nackter Gewalt eindrosch oder wenn Siedler israelische Linke halbtot prügelten. Und natürlich, wenn Israelis Palästinenser und Palästinenser Israelis angriffen und weiter angreifen.

Bei all diesen Erfahrungen begleitet mich Auschwitz. Immer. Überall. Bis ans Ende meiner Tage. Ob ich will oder nicht. Da kann ich so viel duschen, wie ich will. Es wird sich nicht von meiner Haut, aus meiner Seele, abwaschen lassen. Mein Glück: dass aus meiner Dusche, ganz egal, wo ich bin, lediglich warmes Wasser kommt. Der Großteil meiner Familie hatte dieses Privileg nicht.

# ZEITREISENDE

*Marina Chernivsky*

Es ist nämlich kein Ort wie jeder andere. Es ist ein Ort, an dem ich schon einmal als Kind war. Viele Jahre, Seite an Seite, verbunden durch vage Erinnerung, nicht durch Präsenz, durch stetige Fortbewegungen, ohne dass die Entfernung und der Abstand sich verringerten. Hier stehe ich an derselben Stelle, obwohl ich längst weggegangen bin. Jetzt sage ich: »Ich bin zurückgekommen.«

*

Nahezu jede jüdische Familie in Deutschland – unabhängig von ihrem Herkunftsland – trägt ein Stück deutscher Geschichte in sich. Die genozidale Vernichtungspolitik im Nationalsozialismus hatte nicht nur im übertragenen Sinne die vielen Landesgrenzen überschritten und sich in jüdische (Familien-)Biographien für immer eingeritzt. Die Shoah wurde für die Nachkomm:innen gegenwärtig, selbst dann, wenn die Post-Shoah-Identitäten der jungen Generation sich in Zustimmung und Widerspruch, innerhalb und außerhalb dieser historischen Grenzen unaufhörlich weiterentwickelt und allem zum Trotz weiter entfaltet haben. Das Bewusstsein für

Geschichte ist die Verknüpfung von kollektiv bedeutsamen Vergangenheiten, vorausgesetzt, diesen wird Relevanz und Bedeutung zugesprochen. Sprechen wir also von Geschichte, sprechen wir zwangsläufig von unterschiedlichen Vergangenheiten und ihren doch sehr unterschiedlich ausfallenden Bedeutungen.

Diese unterschiedlichen Bedeutungen zeigen sich in all den Lücken und Brüchen, in alltäglichen Kommunikationen und Beziehungen, in politischen Ansprachen und Diskussionen, im Kampf um Erinnerung und ihre Deutung, um den Platz der Shoah im sozialen Raum und Machtgefüge, in all den Lücken und Brüchen, die wir nun gemeinsam haben. Während die Nachgeborenen der Überlebenden, ihre Kinder und Enkelkinder, ein Stück *Vernichtung* in sich tragen, tragen die Nachgeborenen der einstigen Täter:innen und Beobachter:innen ein Stück *Verdrängung* in sich, die sie oftmals nicht verstehen und nicht berühren können. In diesem Spannungsfeld einer fortwährenden Asymmetrie entstehen neue Beziehungen und neue Wege, die von den geerbten, teils stockenden, teils zurechtgebogenen und dadurch erträglichen Verhältnissen überrollt oder einfach nur überschattet werden. Die Vergangenheit an sich muss ja nicht ausschlaggebend sein; es reicht, wenn diese uns mit asymmetrischen Erfahrungen heimsucht und wenn daraus asymmetrische Anstrengungen erwachsen, da die Machtverhältnisse in der Verhandlung von Geschichte sich nicht geändert und wir uns darin womöglich noch nicht gefunden haben.

Es reicht, wenn die Reproduktion und erneute Viktimisierung sich genau dort ereignen, wo mit allem Ernst gemeint und gar geglaubt wird, die Vergangenheit (ausreichend) thematisiert und nun auch verstanden zu haben. Nicht die Geschichte, sondern der Umgang mit ihr macht es uns nicht (un) möglich, darüber hinwegzukommen, da die erwartbaren wie auch erschütternden Reaktionen unseres Umfeldes so gegenwärtig sind wie die unzähligen Versuche, der Geschichte Widerstand zu leisten. Während die Nachkomm:innen der Überlebenden von dem heimgesucht werden, was ihre Vorfahren in jener Zeit gesehen und erfahren haben, stehen die Nachkomm:innen der am Nationalsozialismus Beteiligten unter dem Zwang zu ertragen, was ihre Vorfahren *nicht* gesehen und *nicht* erfahren haben. Nicht in jeder einzelnen Biographie konkretisiert sich diese Differenz, aber doch schon im Gefühlszustand einer Gemeinschaft. Sie zeigt sich eben in Lücken und Brüchen, die aus den Kommunikationspraktiken und Sprechformen, aus familialen Weitergaben und Schweigeritualen entstanden sind und sich ohne die bewusste Rückbindung an ebenjene Weitergaben nur ganz schwer auffüllen lassen können. Durch konsequente Wahrnehmungseinengungen, teils durch bewusste Verteidigungserzählungen, teils durch dominante Doppeldeutigkeiten, teils durch voreingenommene, unsystematische Wissensaufbereitung wurden die Rahmen für die späteren Wahrnehmungen, Rezeptionen und Einordnungen gesetzt.

Dass extreme Gewalt weitreichende und nachhaltige Folgen hinterlässt und die Nachkomm:innen erfasst, ist inzwischen gut bekannt. Bekannt ist auch, dass eine solche Gewalt nicht nur Einzelne, sondern ganze Kollektive prägt und ihre Mitglieder direkt wie auch indirekt generationsübergreifend beschäftigt. Es scheint, als wäre diese Erkenntnis lange abgespalten gewesen. Es wäre wichtig zu fragen, von welchen Kontinuitäten, Brechungen und Differenzierungen wir heimgesucht werden – im Sinne der Nachwirkung psychischer und sozialer Strukturen der nationalsozialistischen Gesellschaft, ihrer Nachgeschichte in den Familien und ihrer Bedeutung für die heutige vielfältige und doch auch schon in sich widerständige Gesellschaft. Nur sind diese Fragen nicht neu. Einstellungen zum Nationalsozialismus und Antisemitismus, zum Umgang mit dem Erbe, zum Gedenken und Erinnern wurden inzwischen in etlichen Erhebungen und theoretischen Abhandlungen in den Blick genommen und wissenschaftlich – wenn auch nicht umfassend und unter Auslassung jüdischer Perspektiven – untersucht. Diese eher theoretisch konstituierten Befunde und Erkenntnisse durchbrechen aber anscheinend nicht den Schutzschild einer beinahe mythologischen Annahme, dass die Geschichte doch in weiten Teilen überwunden sei. Eine Möglichkeit, aus dieser Abwehrposition und Asymmetrie auszubrechen, ist die (ernstgemeinte und bewusst vollzogene) Auseinandersetzung mit der Gewaltgeschichte und die Einsicht in ihre Folgen. Die Folgen sind jedoch nicht zwingend in der Psyche der Betroffenen alleine zu verorten, sondern in all den Praktiken, Beziehungen und Realitäten der Nachkriegs- und Gegenwartsgesellschaft – als historischer Kontext, der sämtliche Beziehungen und Realitäten einer postnationalsozialistischen und postmigrantischen deutschen Gesellschaft ebenso betrifft.

Die zahlreichen antisemitischen Dynamiken, Diskurse, Anschläge der Nachkriegszeit – gar die Mordfälle, die antisemitische »Schmierwelle«,[1] die verübten und tödlich geendeten wie auch versuchten und vereitelten Übergriffe, die alltäglichen Aggressionen – finden genau dort statt, wo die Geschichte begriffen werden soll und wo daran geglaubt wird, alle Lehren aus der Vergangenheit gezogen zu haben. Diese Gleichzeitigkeit zeugt davon, dass die Vergangenheit allen Erwartungen zum Trotz nicht ganz vorüber ist. Im Bewusstsein der Nichtbetroffenen spielen die Gewalt der Shoah und der fortlebende Antisemitismus vorwiegend historisch eine

Rolle. Im Bewusstsein der jüdischen Gemeinschaft sind es die Erfahrungsgeschichten einer Gewalt, die nicht gänzlich überwunden ist, obgleich auch Juden sich über die Jahre mit der Annahme arrangieren mussten – trotz teilweise gegensätzlicher Erfahrungen –, dass die antisemitische Gewalt in ihrer extremen Form geschwächt und beherrschbar geworden ist.

Wir glauben, viel über die Shoah zu wissen. Eine trügerische Erkenntnis, die dem Mythos einer »meisterhaften« Vergangenheitsbewältigung die Weichen stellt. Auch heute leben wir hier in einer Gesellschaft, die das Verbrechen anerkennt, aber ihre direkte Verbindung mit ebenjenem Verbrechen nach wie vor abspaltet und sich davon auf vielen Wegen distanziert. Etwas, »was nie vergessen werden konnte, weil es zu keiner Zeit gemerkt wurde, niemals bewusst war, kann im Nachhinein nicht mehr bewusst erinnert werden«.[2] Nicht nur die Erkenntnis der ausgeübten Verbrechen an Juden, sondern auch die Opfer des Verbrechens mussten verdrängt werden, denn die Anerkennung der Opferschaft würde die Fragen der Täterschaft unausweichlich nach sich ziehen. Nicht viele wissen, dass bis in die späteren 1950er Jahre hinein die Frage im Raum stand, *ob* es überhaupt geschehen ist. Die Begriffslosigkeit herrschte lange im Diskurs um die Taten, Täter:innen und Opfer(gruppen) der nationalsozialistischen Gewalt. Eine systematische Erforschung der Shoah wurde in den ersten Jahrzehnten nach dem Ende des Zweiten Weltkrieges nicht betrieben, die ersten Bücher und Berichte der Überlebenden wurden teils als nicht wissenschaftlich abgetan, und diese Quellen wurden lange Zeit nicht als die Realität beschreibende Zeugnisse ernst genommen.[3] Selbst bei den Prozessen zu den Verbrechen des Nationalsozialismus in der Bundesrepublik der 1960er Jahre kam es zu Relativierungen, indem die Aussagen der Opfer in der flankierenden Berichterstattung als übertrieben oder gar frei erfunden dargestellt wurden: »Der Judenmord wurde so zu einer von außen an die Deutschen herangetragenen Geschichte, über die sie nichts wussten – eine *jüdische* Geschichte, keine deutsche.«[4]

*

Irgendwann beginnt das Gedächtnis überzulaufen. Die losen Erinnerungsstücke hängen wie Perlen an einer Kette – wenn eine Perle schwankt, bewegt sich die andere. Aber wie können sich unterschiedliche Vergangenheiten so ähnlich sein? Ich lebte in einer geschichtsträchtigen Stadt[5] – in der es alles schon einmal gab. In der Schule erfahre ich nichts davon, obwohl ich am Ort des Verbrechens lebe. Als Kind bin ich oft bei meinen Großeltern. In ihrer Wohnung knarrt der Parkettboden unter den Füßen, und im Frühling riecht es nach Tulpen. In dem etwas bauchigen Kleiderschrank im Schlafzimmer liegen Großmutters Reliquien – Fotos, Broschen, Kämme, gebügeltes Hochzeitskleid. An den Abenden bitte ich sie darum, vom Krieg zu erzählen. Ihr Krieg wird zu meinem, meine unaufhörlichen Fragen zu ihren. Später verweben sich ihre Erzählungen mit meiner Beschäftigung mit diesem Thema – beruflich wie privat.
Unser Haus steht an der Kreuzung zweier Straßen, umrahmt von Kastanienbäumen. Aus unserem Küchenfenster kann ich den blau gestrichenen Balkon meiner Großeltern gut erkennen. Mein Kinderzimmer ist leergeräumt, die letzten Möbelstücke wurden gestern weggebracht. An den Wänden stehen Stapel von meinen Büchern, die ich mit Schnüren zusammengebunden habe. Ich habe sie nach Themen geordnet, um der Bibliothekarin das Sortieren meines Nachlasses zu erleichtern. Meine Mutter verspricht es mir, dass jemand die

Bücher später abholt. Ein Bus soll uns zur Grenze mit Polen fahren. Vor dort sollen wir nach Israel aufbrechen. Unsere Entscheidung, zu gehen, ist keine private - sie wird erzwungen von gesellschaftlichen und politischen Abwägungen. Es geht um Zeiten, in denen es schon einmal alles gab - den Krieg, die Macht, den Terror, die Suche nach dem Kern, die Kraft der Erneuerung.

*

Die deutsche Geschichte fungiert als Klebstoff unterschiedlicher nationaler und selbstverständlich auch jüdischer Geschichten. Mit Blick auf die Shoah in der Ukraine müssen wir jedoch feststellen, dass dieses (ohnehin bruchstückhafte und unliebsame) Wissen maßgeblich auf Deutschland, vielleicht auch auf Polen oder Ungarn, fixiert ist. Wer kennt Lviv, Tarnopol, Brujuchovici, Kamenka, Winniza, Shitomir?[6] Wer weiß, dass die Mehrheit der in Deutschland lebenden Juden aus der Ukraine stammt und ihre Stimmen bis heute hier unsichtbar und unhörbar sind?

In der Sowjetunion vermischte sich der Genozid an den Juden bis zur Unkenntlichkeit mit dem Schicksal aller Sowjetbürger:innen. Die Geschichten ihres Todes und ihres (Über-)Lebens verschwanden im unterschiedslosen Gedenken eines Staates, der das Gedächtnis und die Verbindung zwischen den Generationen vertikal (zwischen Großeltern und ihren Kindern und Enkeln) wie auch horizontal (mit den vielen Angehörigen) in alle Richtungen so gewaltsam unterbrach. In Deutschland wurden ihre Geschichten kaum abgerufen – ihr Wissen und ihre Erfahrung erstickten hier noch einmal.

Eindrückliche Zeug:innenberichte[7] der Überlebenden aus

den besetzten Teilen der damaligen Sowjetunion – hierzulande eher unbekannt – beschreiben jedoch den Alltag des Judenmords, wie er sich in Weißrussland, im Baltikum, in der Ukraine abspielte. Diese komplett entrückte Perspektive rückt nun mit dem russischen Angriffskrieg gegen die Ukraine im Februar 2022 *plötzlich* in den Fokus, verschiebt die geklärt geglaubten historischen Rollen und regt ein neues Nachdenken an. In der Ukraine gab es eben nicht diese systematisch geordnete Vernichtung wie in den bekannten Vernichtungslagern wie Auschwitz oder Treblinka. Aber es gab diese namenlosen Massengräber in den ukrainischen Wäldern, Tälern, Parks, in denen Tausende und Zehntausende von Juden begraben wurden, nachdem sie in ihren Dörfern und Städten zusammengetrieben und erschossen worden waren. Das alles war entfernt vom kalten, industriellen Massenmord, der in den vergangenen Jahrzehnten, nicht zuletzt durch die Erforschung, Verfilmung und literarische Verarbeitung, unser Bild von der Vernichtung geprägt hat, auch wenn deren Wahrnehmung in der hiesigen deutschen Gesellschaft, trotz allem, nur eingeschränkt möglich zu sein scheint. Kein geheimer, steriler Mord vollzog sich dort, sondern ein Massaker, von Ort zu Ort, stets begleitet von ungeordneten Verhaftungsaktionen, Demütigung, Raub, teilweise unter Mitwirkung von Einheimischen, mitten in den Dörfern und Städten, wo sich die Vernichtung jahrelang, gewaltsam und unaufhörlich, ereignet hatte.

Nicht nur die jüdischen Perspektiven allgemein, sondern auch die spezifischen Konstellationen der Länder, wo Juden vor und nach dem Krieg gelebt haben, ihre mehrfachen Gewalt-, Exil- und Migrationserfahrungen, ihre Widerstandspraktiken und Überlebensstrategien, blieben der Öffentlichkeit lange entrückt. Die daraus resultierende Ambivalenz zeigte sich im öffentlichen Sprechen, in der Verdinglichung jüdischer Biographien, in der Unfähigkeit, die selbstverständliche Präsenz, Heterogenität und Selbstbestimmtheit von Juden als Einzelne und als Gemeinschaft einzusehen und sich damit zu verbinden. Diese Wahrnehmungstradition wurde mit der zeitlichen Distanz zu der Shoah nicht nur nicht überwunden, sondern sie hat sich womöglich noch verschärft. Seit Jahren werden Juden zu Gedenktagen, zur Eröffnung von Mahnmalen, neuerdings sogar zu Fachtagungen und Diskussionen über Antisemitismus eingeladen. Gehört werden sie (oft) nicht – die wirkmächtigen Perspektiven der hiesigen Zuhörenden, ihre Reaktionen und Projektionen, rahmen die Rezeption.

Die Leerstelle ist riesengroß – sie betrifft nicht nur die Frage der historischen Bildung und Faktizität, sondern auch die Präsenz der Erfahrungen jener Menschen und jener Familien, die in den politischen, museumspädagogischen, erinnerungsgeschichtlichen Formaten in Deutschland heute kaum abgebildet sind. Bis auf wenige Ausnahmen und eine Handvoll neuer und bedeutender Bücher sind die jüdischen Geschichten aus der vor- und (post-)sowjetischen Ukraine wie auch aus Weißrussland, dem Baltikum oder Moldova eher selten Teil der deutschen und gar der deutsch-jüdischen Narration. Nicht nur Deutsche – Nichtjuden –, sondern auch Juden in Deutschland müssen (und werden) lernen, darüber zu sprechen und die anderen jüdischen Geschichten und Realitäten zum Teil neu zu verhandeln. Die kollektiv gelagerte Unfähigkeit, mit der unliebsamen und beschädigten Vergangenheit fertigzuwerden und die von rechter und antisemitischer Gewalt durchzogenen Realitäten der Gegenwartsgesellschaft anzuerkennen, resultiert also ja nicht zwingend aus der Unkenntnis der Geschichte, sondern auch aus dem fehlgeschlagenen Umgang damit. Dieser wurde in der Kritischen Theorie von Theodor W. Adorno und Max Horkheimer mehrfach entworfen und später durch einige Antisemitismusforscher:innen weiterentwickelt und adaptiert. Davon ausgehend, kann das Erbe des Nationalsozialismus nicht gänzlich überwunden werden, wenn es nicht in all den Traditionslinien deutscher Kollektivbiographie erkannt und bewusst bewältigt wird. Dies betrifft nicht nur das Fortleben der nationalsozialistischen Ideologie am rechten Rand der Gesellschaft, sondern auch die Inhärenz der antisemitischen Ressentiments und Gefühlserbschaften im Kern und in der Mitte unserer hiesigen Gesellschaft. Ralph Giordano sprach in diesem Zusammenhang von einer »zweiten Schuld«, die die Deutschen auf sich geladen haben, indem sie keine kritischen Fragen stellten, keine nachträglichen Praktiken eines reflexiven Gedenkens ermöglichten und die Kriegserzählung ohne die Shoah so lange und ungehindert gehegt haben.[8] Das Erschreckende am aktuellen Post-Shoah-Antisemitismus resultiert – meiner Ansicht nach – aus der Unfähigkeit der Einzelnen und des gesamten Kollektivs, die weitreichende Erfahrungsgeschichte des gewalttätigen Antijudaismus und der genozidalen Vernichtungspraxis und Vernichtungsideologie zu sich selbst in Beziehung zu setzen und ihre Wirkungsgeschichte eigenbiographisch zu begreifen. Die Erinnerungen der verschiedenen Generationen auf diesen verschiedenen Seiten der Geschichte werden womöglich noch lange sehr unterschiedlich sein. Das heißt jedoch nicht, dass die je eigenen Beziehungen *zu* und die Bewertungen *von* dieser Geschichte ebenfalls so konträr ausfallen müssen.[9]

Selbst die bedeutendsten historischen Ereignisse bekommen erst dann eine Relevanz, wenn sie im kommunikativen Gedächtnis der Generationen angelegt und in der kollektiven

Erinnerung einer Gesellschaft mitbedacht, gewürdigt und gespeichert werden. Ob bestimmte Ereignisse als *vergangen* oder überwunden geglaubt werden, hängt von der Bereitschaft einer Gemeinschaft ab, diese aufzuarbeiten und zu akkumulieren und den Prozess der Vermittlung, zum Beispiel durch Formate der kulturellen Wissensproduktion und Wissensweitergabe, nachhaltig zu sichern. Unsere Erinnerungen stützen sich im Grundsatz auf Inhalte, die historisch für die Einzelnen, aber auch für ihre jeweilige Generation bedeutsam und zugänglich geworden sind. Mit dem Konzept der *Nach-Erinnerung (Postmemory)*[10] von Marianne Hirsch wird die Übernahme von traumatischen Erinnerungen durch die Nachfahren der Shoah-Überlebenden ergründet. Nachkomm:innen, die mit überwältigenden Erinnerungen, aber auch mit versteckten oder widersprüchlich erzählten Geschichten aufgewachsen sind, können von Geschichten beherrscht werden, die zwar der eigenen Erfahrung vorausgegangen, aber psychisch weiterhin wirksam sind. Die Nachfahren erleben die Verfolgung stellvertretend, zumal sie in unterschiedlicher Intensität mit traumatisierenden Inhalten, komplexen Bindungs- und Beziehungsstilen konfrontiert sind. Durch implizite wie auch explizite Aufträge können einprägsame Ereignisse als *haunting memories* in den eigenen Gedächtnisraum hineingenommen werden. *Postmemory* bedeutet demzufolge eine Verbindung mit der Vergangenheit durch Imagination, Projektion und nachempfindende Konstruktion. So kann der eigene Lebensfluss durch belastende Inhalte geformt und durch neue, reaktivierende Ereignisse wie die andauernde Konfrontation mit (latentem wie auch brachialem) Antisemitismus verstärkt bzw. (neu) getriggert werden. Wir alle befinden uns in Generationsverbindungen, die wir nicht einfach so unterbrechen können.

Weichen wir ihnen aus, holen sie uns vollumfänglich ein. Solche Dynamiken sind niemals nur individuell. Die Gesellschaft bildet zusammen mit der Familie eine Erinnerungsgemeinschaft, in der sich die Aneignung von Vergangenheiten in Widerspruch und Zustimmung ereignet. Sind die zentralen Erzählungen einer Gemeinschaft belastet oder *beschwiegen*, werden sie von uns als irritierend und unpassend erlebt.

Mit zeitlicher Distanz rückt nun die Geschichte doch immer näher an die Gegenwart heran. Zum einen gibt es mit der generationalen Distanz ein neues Interesse an allem, was Vergangenheit ist. Zum anderen leben wir nun nicht mehr nur im Schatten eines vergangenen, sondern auch eines neuen Krieges – wobei es in der Nachkriegszeit bis heute in der Welt unaufhörlich Kriege, Genozide gegeben hat. Von einem Tag auf den anderen wurden wir aber zu Mitlebenden einer neuen Gewaltgeschichte, die für viele Juden in Deutschland in einer engen biographischen Korrespondenz zu stehen scheint. In dieser Ineinanderrückung erfährt der Begriff der Erinnerung eine neue Dimension: Wir wollen uns an etwas erinnern, was wir zu diesem Zeitpunkt bewusst gemerkt und zumindest teilweise begriffen haben.

*

Ich stamme nicht von hier, auch meine Familie kommt von anderswo. Ich habe in zwei Ländern gelebt – in der Ukraine und in Israel –, bevor ich mich bewusst dafür entschieden habe, für zwei kurze Jahre nach Berlin zu ziehen. Ich bin nicht von hier, aber auch ich trage ein Stück deutscher Geschichte in mir. Die Shoah hat meine Identitäts- und Landesgrenzen überschritten und mich in die deutsch-jüdische,

jüdisch-deutsche Vergangenheit katapultiert. Seit zwanzig langen Jahren versuche ich, auf meinen eigenen Wegen zu begreifen, wie die Geschichte nachwirkt und was sie in den Familien, in Bildung und Erziehung, in den sozialen und persönlichen Beziehungen an Erbe hinterlässt. Die Geschichte existiert dabei nicht in einem abstrakten, luftleeren Raum, sondern an einem Ort, der mit je unterschiedlichen Gegenwartsperspektiven und je unterschiedlichen (subjektiven) Bedeutungen versehen ist.
Geschichte bekommt Gestalt, wenn sie sinngebend ist, wenn sie mit konkreten Geschichten verbunden wird, wenn sie erinnert und erzählt wird. Das Interesse an jüdischen Biographien soll weiterhin ein Zugang zu Geschichte sein, aber es darf nicht mehr so weit kommen, dass unsere Gegenwarten noch einmal und immer wieder zum Zwecke der Aufklärung umfunktioniert werden. Sie haben ihren eigenen Wert, und sie dürfen nicht als Instrument der Vergangenheitsbewältigung vernutzt werden. Selbst wenn Juden in vielerlei Hinsicht Träger:innen einer gemeinsamen Erfahrung sind, unterscheiden sich ihre Schicksale und Erfahrungen maßgeblich voneinander. Bei der Vermittlung jüdischer Geschichten soll daher die Grundsätzlichkeit ihrer Differenz eine Rolle spielen, nicht ohne die Reflexion über den Außenblick auf sie. Wir möchten nicht weiter und nicht länger als Studienobjekte imaginiert werden, sondern nur noch als Subjekte unserer eigenen Geschichte in Erscheinung treten.
Wollen wir tatsächlich noch über unser Leben sprechen, wenn es zu methodischem Material über jüdisches Leben in Deutschland recycelt wird? Eine Erinnerungsarbeit, die die Nähe zum Eigenen sucht, die der Möglichkeit des Einwebens von persönlich relevanten und kollektiv bedeutsamen Erlebnissen Raum gibt, kann helfen, mit diesem Erbe fertig-

zuwerden und eine reflexive Form der machtkritischen und geschichtssensitiven Verständigungsform auszuprobieren. Gleichwohl ist die Erinnerung an die Shoah nicht verhandelbar - diese Erfahrung darf nicht so verformt werden, dass sie wieder als brüchige und fragile Erkenntnis von allen Seiten angefasst und missverstanden wird, als eine Last, die durch neue und andere Gewaltgeschichten abgetan und erleichtert wird.

## Anmerkungen

1 Bundesregierung (Hg.), Die antisemitischen und nazistischen Vorfälle. Weißbuch und Erklärung der Bundesregierung, Bonn 1960; Zur Situation in Baden-Württemberg siehe [https://www.leo-bw.de/themen/landesgeschichte/baden-wurttemberg-und-die-welle-antisemitischer-straftaten-1959/1960].

2 Sigmund Freud: »Erinnern, Wiederholen, Durcharbeiten«, in: Gesammelte Werke, Bd. 10, Hg. Anna Freud et al., S. 126–136; hier S. 128.

3 Schon zum Nürnberger Prozess lagen etliche Informationen über die Vernichtung vor. Dennoch wird der Genozid an den Juden lange nicht als eigenständiges Phänomen betrachtet und als »Crime against Humanity« beschrieben. Gleichwohl entstanden wichtige Studien unter anderem von Reitlinger (1953), Poliakov / Wulf (1955), Tenenbaum (1956) und später von Raul Hilberg (1961: veröffentlicht jedoch bei Olle & Wolter erst im Jahre 1982; dann im Fischer Verlag 1990). Ferner zeigt der Umgang mit durchaus vorhandenen Quellen zum jüdischen Genozid in der Sowjetunion und in Osteuropa, in welchem Maße das Wissen über die Shoah den politischen Interessen unterlag.

4 Ulrich Herbert (2015): Holocaust-Forschung in Deutschland. Geschichte und Perspektiven einer schwierigen Disziplin. In: Bajohr, Frank / Löw, Andrea. Der Holocaust. Ergebnisse und neue Fragen der Forschung. Fischer Verlag, S. 31–82, hier S. 39.

5 Die Stadt Lemberg (Lviv, Lwów, Lvov) befindet sich im westlichen Teil der heutigen Ukraine. Seit dem 18. Jahrhundert war Lviv die Hauptstadt

einer mittel-osteuropäischen Grenzregion, *Galizien*, die zu einer stark umkämpften Zone imperialer, nationaler und übernationaler Interessen wurde. Die vielen politischen Umwälzungen in der Mitte des 20. Jahrhunderts haben die Stadt und die Menschen darin tiefgreifend geprägt und verändert. Während und direkt nach dem Zweiten Weltkrieg verlor Lemberg über 90 Prozent seiner Vorkriegsbevölkerung: Die einst blühende jüdische Gemeinschaft wurde fast vollständig vernichtet und die polnische, dann auch die ukrainische Bevölkerung nach Polen bzw. in die Gebiete der Sowjetunion, zum größten Teil zwangsweise, umgesiedelt.

6 https://www.deutschlandfunk.de/nur-wir-haben-ueberlebt-holocaust-in-der-ukraine-zeugnisse-100.html

7 Hierzu vor allem Grossmann / Ehrenburg / Lustiger (Hg.): Das Schwarzbuch. Der Genozid an den sowjetischen Juden, Reinbeck 1994 (Original 1948).

8 Ralf Giordano (1990): Die zweite Schuld: Oder von der Last, Deutscher zu sein. Knaur Taschenbücher.

9 Aleida Assmann (2005): Wiener Vorlesungen im Rathaus. Vortrag am 27. April 2005 anslässlich der Sir-Peter-Ustinov-Professur der Stadt Wien an der Universität Wien. Band 117, Hg. Kulturabteilung der Stadt Wien, S. 52.

10 Marianne Hirsch (2012): The Generation of Postmemory. Writing and Visual Culture after the Holocaust. Columbia University Press. New York.

# AUTOR*INNEN

**Debora Antmann** ist politische Bildnerin, Autorin, wissenschaftliche Mitarbeiterin am Jüdischen Museum Berlin, Aktivistin, wütende Jüdin, semiaktive Körperkünstlerin und verhinderte Superheldin. Sie arbeitet zu jüdisch-lesbischer Widerstands- und Intersektionalitätsgeschichte, jüdischen Selbstbestimmungs- und Communityprozessen. In verschiedenen Formaten inszeniert sie jüdisch-queere Interventionen zur visuellen Selbstbestimmung und leitet den jüdischen Austausch- und Empowerment-Raum »Tsuris&Tseschmetter«.

**Rabbi Rebecca Blady** ist die Geschäftsführerin von Hillel Deutschland, einer pluralistisch Organisation für jüdische Studierende und junge Erwachsene, die sich auf Bildung, Empowerment und Community Building fokussiert. Rebecca erhielt ihre Ordination zur Rabbinerin 2019 an der Yeshivat Maharat in New York und absolvierte ihr Bachelorstudium in Politikwissenschaften und Journalismus 2012 an der Brandeis University. Sie lebt mit ihrem Mann und Mitbegründer von Hillel Deutschland, Rabbi Jeremy Borovitz, und ihren zwei Kindern in Berlin.

**Laura Cazés**, geboren 1990 in München, studierte Psychologie und Sozialmanagement in Göttingen und Berlin. Sie ist Leiterin der Abteilung für Kommunikation und Digitalisierung der Zentralwohlfahrtsstelle der Juden in Deutschland (ZWST). Als Autorin und Speakerin sind ihre Kernthemen die Diversität jüdischer Lebenswelten in Deutschland und deren Wahrnehmung und Einbezug in gesellschaftliche Diskursräume. Sie ist Mitinitiatorin des Jewish Women Empowerment Summit.

**Marina Chernivsky** ist Psychologin und Verhaltenswissenschaftlerin. Sie forscht und publiziert unter anderem zu Antisemitismus und Diskriminierung, leitet das Kompetenzzentrum für Prävention und Empowerment in Trägerschaft der ZWST und ist Gründerin sowie Geschäftsführerin von OFEK e. V. Bis 2017 war sie Mitglied im Zweiten Unabhängigen Expertenkreis Antisemitismus des Deutschen Bundestages und ist seit 2019 Mitglied im Beratungsgremium des Beauftragten der Bundesregierung für jüdisches Leben und den Kampf gegen Antisemitismus. Sie ist unter anderem Mitherausgeberin der Zeitschrift »Jalta – Positionen zur Jüdischen Gegenwart«.

**Daniel Donskoy** ist Schauspieler und Musiker, in Moskau geboren und in Berlin und Tel Aviv aufgewachsen. Seine Schauspielkarriere begann er im Anschluss an sein Studium in London. Zu seinen Filmprojekten zählen »The Crown« (Netflix) »Crescendo« (Kinofilm), »Sankt Maik« (RTL) »Der Palast« (ZDF), »Barbaren« (Netflix). Parallel dazu startete er seine Musikkarriere. Donskoys internationale Biographie schärfte schon früh seinen gesellschaftskritischen Blick, woraus 2020 die Late Night Show »Freitagnacht Jews« entstand, die er als Host und Creative Producer verantwortete. Das Format wurde mit dem Deutschen Fernsehpreis (2021) und dem Grimme-Preis (2022) ausgezeichnet.

**Mirna Funk** ist 1981 in Ost-Berlin geboren und lebt zwischen Berlin und Tel Aviv. Sie studierte Philosophie an der Humboldt Universität und arbeitet als Essayistin und Autorin, unter anderem für die »FAZ«, die »Süddeutsche Zeitung« und »Die Zeit«. Seit 2020 hat sie eine monatliche Sex-Kolumne in der »Cosmopolitan« und von 2018–2021 schrieb sie auf »Vogue-Online« über jüdisches Leben heute. 2015 debütierte sie mit ihrem Roman »Winternähe« im S. Fischer-Verlag. Er wurde mit dem Uwe-Johnson-Preis ausgezeichnet. Im Februar 2021 veröffentlichte sie ihren zweiten Roman »Zwischen Du und Ich« bei dtv. In ihren literarischen Werken, essayistischen und journalistischen Arbeiten sowie kuratorischen Projekten geht Mirna Funk den Fragen nach der Präsenz jüdischer Kultur in Deutschland heute und einer gegenwartsorientierten Erinnerungskultur nach. Im Mai 2022 erschien ihr erstes Sachbuch: »Who cares! Von der Freiheit, Frau zu sein«, das sofort auf der Spiegel-Bestsellerliste landete.

**Ruben Gerczikow** ist Kommunikationswissenschaftler und recherchiert zu antisemitischen Strukturen. Regelmäßig kommentiert er das politische Tagesgeschehen und bezieht explizit Position zu Antisemitismus, Rechtsextremismus und Islamismus. Von 2019 bis 2021 war er Vizepräsident der European Union of Jewish Students sowie der Jüdischen Studierendenunion Deutschlands. Er ist glühender Anhänger des 1.FC Köln.

**Shahrzad Eden Osterer** ist 1984 während des Iran-Irak-Krieges in Teheran geboren. Sie kam im Alter von 20 Jahren zum Studieren nach Deutschland. Heute lebt sie in München und arbeitet seit 2010 als Autorin, Journalistin und Moderatorin, hauptsächlich für den Bayerischen Rundfunk.

**Hannah Peaceman** ist Wissenschaftliche Mitarbeiterin an der Friedrich-Schiller-Universität Jena. Sie promovierte zum Potenzial jüdischer Perspektiven für die politische Philosophie (Klostermann 2021). Sie ist Mitherausgeberin der Zeitschrift »Jalta – Positionen zur jüdischen Gegenwart«. Peaceman publiziert zudem unter anderem zu postmigrantischer Erinnerungskultur, zum Verhältnis von Rassismus und Antisemitismus und zu jüdischem Leben in Deutschland.

**Dekel Peretz** ist Vorsitzender des Vereins Jüdisches Zentrum Synagoge Fraenkelufer. Er ist Gründungsdirektor von Eruv Hub – Deutschlands erstem Coworking für gemeinnützige jüdische Organisationen und Initiativen – sowie von LABA Berlin: Ein Labor für jüdische Kunst und Kultur. Zudem ist er Wissenschaftlicher Mitarbeiter am Max-Weber-Institut für Soziologie der Universität Heidelberg und Gastforscher am Max-Planck-Institut zur Erforschung multireligiöser und multiethnischer Gesellschaften.

**Nina Peretz** engagiert sich seit zehn Jahren für die Gemeindearbeit der Synagoge Fraenkelufer in Berlin-Kreuzberg. Sie ist im Vorstand der Synagoge und Mitbegründerin des Vereins Freunde der Synagoge Fraenkelufer. Hauptberuflich macht Peretz Presse- und Öffentlichkeitsarbeit mit Schwerpunkt Online-Kommunikation für den Paritätischen Wohlfahrtsverband Berlin. Peretz kommt aus Süddeutschland und lebt seit 18 Jahren in Berlin.

**Richard C. Schneider**, Sohn ungarischer Shoah-Überlebender, in München geboren, sogenannte »Zweite Generation«. Filmemacher, Buchautor, Journalist. 2005 bis 2016 Leiter ARD Studio Tel Aviv, 2016/17 Leiter ARD Studio Rom, seit 2017 Editor-at-Large bei BR/ARD. Zahlreiche Fernsehpreise. Seit Sommer 2021 Autor für den »Spiegel« aus Israel und den palästinensischen Gebieten. Zahlreiche Bücher, zuletzt »Wie hättet ihr uns denn gerne? Ein Briefwechsel zur deutschen Realität« mit Özlem Topçu.

**Erica Zingher** ist Journalistin und lebt in Berlin. Sie arbeitet als Redakteurin im Gesellschafts- und Medienressort der »taz«. Außerdem ist sie Podcast-Host bei »Zeit-online«. Schwerpunktmäßig schreibt Zingher über postsowjetische Migration, jüdisches Leben in Deutschland und Gesellschaften in Osteuropa. Für den Text »Was wächst auf Beton« über ihre Familiengeschichte als »jüdischer Kontingentflüchtling« wurde sie 2021 mit dem Axel-Springer-Preis für jungen Journalismus ausgezeichnet.